Arnold Wirth

Take-off zum Erfolg

Arnold Wirth

Take-off zum Erfolg

Die fünf Schlüssel
für Deinen persönlichen Erfolg

Idsteiner Verlagshaus

Die Deutsche Bibliothek – CIP-Einheitsaufnahme
Ein Titeldatensatz für diese Publikation ist bei
Der Deutschen Bibliothek erhältlich.

Der Autor bedankt sich bei allen, die bei der Realisierung dieses Buches tatkräftig mitgewirkt haben.

Printed in Germany

Gesamtverzeichnis schickt gerne:
Idsteiner Verlagshaus
Postfach 11 89 · 65501 Idstein
Tel.: 06126-56565 · Fax: 06126-590962
E-Mail: iv@fff-verlag.de

ISBN 3-937047-01-8

Inhaltsverzeichnis:

Für meine Frau und meine Kinder

Vorwort

Gestatten Sie mir, dieses Buch mit einem Vorschlag einzuleiten. Lassen Sie mich, während Sie es lesen, Ihr Freund sein. Das mag etwas unkonventionell klingen, hat sich in der Praxis aber als äußerst förderlich erwiesen. Denn: Von wem würden Sie eher gute Ratschläge akzeptieren, von einem Fremden oder von einem guten Freund? Sicherlich von letzterem. Lassen Sie mich daher also Ihre Freund sein und Sie auf den Weg zum Erfolg führen.

Zu diesem Zweck möchte ich Sie weiterhin bitten, Sie duzen zu dürfen. Auch das mag ungewöhnlich sein, aber unter Freunden ist das „Du" völlig normal. Wie ich festgestellt habe, erleichtert es beim Lesen auch die Aufnahme neuer Informationen. In diesem Sinne wünsche ich *Dir* viel Spaß beim Lesen und natürlich auch viel Erfolg!

Alles begann mit einer Frage

Betrachtet man die Menschen dieser Welt in Bezug auf ihren Erfolg, stellt man eine verblüffende Tatsache fest: Nur etwa fünf Prozent von ihnen sind wirklich erfolgreich! Alle andere krebsen mehr oder weniger vor sich hin und kommen – ob sie nun großen Träumen nachhängen oder auch nicht – kaum vom Fleck.

Als mir dies zum ersten Mal bewusst wurde, stieg in mir der Wunsch auf, diese Situation zu verstehen. Wieso können nicht alle Menschen glücklich und erfolgreich sein? Was steht dem im Weg? Was behindert sie? Und: Wieso zählen nur so wenige Menschen zu den Gewinnern?

Manchmal ist die richtige Frage der erste Schritt zum Ziel. Und genau das war auch hier der Fall. Seit sage und schreibe zwanzig Jahren beschäftigte mich ein Gedanke: *Wie kommt es, dass 95 Prozent der Menschen arbeiten gehen, damit es den anderen fünf Prozent gut geht?* Anders formuliert: *Warum sind fünf Prozent erfolgreich und die restlichen 95 Prozent nicht?* Eine Frage, auf die Du im Verlauf dieses Buches die Antwort finden wirst.

Dieses Buch richtet sich sowohl an diejenigen, die den Schlüssel zum Erfolg bereits gefunden haben und „gut im Rennen liegen", als auch an jene, die diesen Schlüssel noch suchen. Dabei ist es egal, ob Du bereits als Akademiker promoviert hast, seit Jahren als Geselle Dein Brot verdienst oder hauptsächlich im Haushalt aktiv bist. Ebensowenig spielt Dein Alter eine Rolle. Wenn Du dich gerade am Anfang Deines Berufslebens befindest, hast Du natürlich mehr Zeit, Deinen Karriereweg zu gehen. Aber selbst mit 30, 40 oder 50 Jahren kannst Du ein erfolgreiches Leben beginnen! Viele Menschen haben dies bereits bewiesen. Es ist alles eine Frage der Einstellung.

Auf der Suche nach der Antwort

Mir war schon in jungen Jahren klar, dass ich nicht in spießbürgerlicher Mittelmäßigkeit aufwachsen wollte. Das wusste ich genau. Nur hatte ich keine Ahnung, was ich wollte, geschweige denn, wie ich es anfangen sollte. Es gab in meiner Umgebung zunächst auch niemanden, der mir irgendwie auf die Sprünge geholfen hätte. So fristete ich die ersten Berufsjahre meines Lebens als Lehrling und später als Koch. Ein Beruf, der für mich übrigens weitaus weniger schmackhaft war, als die zubereiteten Speisen. Ich arbeitete viel, machte Überstunden, „schaffte" am Wochenende und verdiente dennoch nicht besonders viel Geld. Mein Privatleben litt unter den ungünstigen Arbeitszeiten.

Wäre ich damals nach meinen Zielen gefragt worden, so hätte ich wahrscheinlich die gleichen Antworten gegeben, wie viele Teilnehmer meiner Seminare auch: Karriere machen, Verantwortung übernehmen, ins Management aufsteigen, Mitarbeiter führen, viel reisen, gut verdienen ... Das hört sich gut an – oberflächlich betrachtet. Das sind aber alles *keine* konkreten Ziele! Es sind Träume, bestenfalls Wünsche! Unter diesen Umständen war es kein Wunder, dass ich in den ersten Jahren meines Lebens niemals irgendwohin kam. Es ging mir wie einem LKW-Fahrer, der mit seiner wertvollen Last auf dem Weg von Berlin nach Paris ist. Er legt sich mächtig ins Zeug, kürzt seine Pausen bis zum gesetzlich vorgeschriebenen Minimum (oder noch ein wenig mehr), um die Strecke in Rekordzeit zu bewältigen. Und plötzlich stellt er fest, dass er in Rom angekommen ist! Viel Energie, die aufgrund der fehlenden Zielausrichtung einfach verpufft!

Dabei attestierten mir meine Lehrer während der letzten Schuljahre immer wieder eine hohe Intelligenz. Nur: Ich nutzte diese nicht aus! Da ich kein Ziel vor Augen hatte, ging ich mit wenig Eifer an die Planung meiner Zukunft heran. Genauso wenig Elan wies ich beim Handeln auf. Kein Wunder also, dass ich viele Jahre schlichtweg vergeudete. Und damit ging es mir wahrscheinlich genauso wie Dir!

Was dieses Buch für Dich bereithält

Dieses Buch wird Dir helfen, eine Bestandsaufnahme Deines bisherigen Lebens zu erstellen, so dass Du einen Schlussstrich ziehen und Deine Zukunft neu planen kannst. Denn dort liegt Dein Erfolg: In der *Zukunft*! Du musst Dich von den Fehlschlägen der Vergangenheit loslösen und Deinen Blick nach vorne richten, um zu den Gewinnern zu gehören!

Dazu benötigst Du natürlich eine positive Geisteshaltung, die ein absolut wichtiger Meilenstein auf dem Weg zur Spitze der Erfolgsleiter ist. Dieses Thema birgt viele interessante Geheimnisse, deren Enthüllung wir uns in den ersten Kapiteln dieses Buches annehmen wollen.

Anschließend lüften wir den Vorhang zum Insider-Know-how über Ziele. Von den wirklich erfolgreichen Menschen unserer Zeit wissen wir, dass ihre Ziele sie mit unbändiger Kraft vorangetrieben haben. Doch ist Dir auch klar, wie Du mit Zielen umgehen sollst? Welche Naturgesetze sich dahinter verbergen? Wie Du sie einsetzen musst, damit sie wie ein Turbolader wirken? Diese Themen werden wir praxisbezogen behandeln, damit Du die in Dir steckende Energie voll entfalten wirst!

Neben der positiven Geisteshaltung und dem Know-how über Ziele darf Dir auch der Glaube nicht fehlen. Wir wissen aus biblischen Überlieferungen sowie aus vielen Sagen, dass der Glaube Berge versetzen kann. Doch wie sieht es damit in der Praxis aus? Verbirgt sich hier anwendbares Wissen, mit dem Du in die Liga der Gewinner aufsteigen kannst? Und wenn ja: Auf welche Weise kannst Du davon profitieren? Nur Geduld, auch dazu wirst Du Überraschendes erfahren.

Anschließend schreiten wir zur Tat! Wir konzentrieren uns darauf zu handeln! Während sich manche Menschen Traumschlösser bauen und niemals auch nur eine Eigentumswohnung besitzen werden, arbeiten wir daran, unsere Vorstellungen in die Praxis umzusetzen. Dies ist ein unabdingbarer Faktor auf Deinem Karriereweg. Du musst etwas tun! Ganz abgesehen davon, dass das Leben ohne eine zielgerichtete Tätigkeit keine wirkliche Erfüllung bringt, erfordert es eine Menge Aktivität, um etwas zustande zu bringen. Daher dürfen wir auch dieses Thema nicht unter den Tisch kehren.

Trotz all der obigen Faktoren wirst Du früher oder später Fehler machen. Doch wie begegnet man einem Fehler? Ignoriert man ihn? Oder verleugnet man ihn gegenüber anderen? Und vielleicht sogar vor sich selbst? Es stellt sich die Frage, wie man aus Fehlern lernt und letztendlich klug wird. Ein brandheißes Thema, zu dem ich Dir umfangreiches Fachwissen aufbereitet habe.

Letzten Endes wirst Du erfahren, was Du tun kannst, um auch zu den Gewinnern zu gehören. Du wirst überrascht sein, wie einfach Du diesen Status erreichen kannst, und all das, was Du Dir bisher nur erträumt hast, wahr wird!

Die fünf Schlüssel für Deinen persönlichen Erfolg

Viele Menschen verbringen ihr Leben wie ein fleißiger Hamster, der im Käfig steckt und sich acht Stunden am Tag im Laufrad verausgabt. Er läuft, was das Zeug hält, und bewegt sich dennoch nicht von der Stelle. Manchmal gibt er sich einen Ruck und verlängert seine Laufzeit auf neun, zehn oder noch mehr Stunden am Tag. Damit versucht er, mehr auf die Beine zu stellen und seinem Schicksal zu entkommen. Doch allzu lange hält er das nicht durch. Die Folge: Er bekommt einen Herzinfarkt! Und das, obwohl der Futternapf, an dem er sich satt essen könnte, nur wenige Zentimeter weit entfernt steht! Nach dem ersten Herzinfarkt legt er eine kurze Ruhepause ein und arbeitet sich langsam wieder hoch, läuft erst sechs Stunden am Tag, dann acht, ... So läuft das Spiel von der ersten Arbeitsstelle bis hin zur Rente. Es ist nicht so, dass 95 Prozent der Menschen von Natur aus faul wären oder nicht in der Lage sind, zu arbeiten – ganz und gar nicht! Du rackerst Dich ab und kommst trotzdem keinen Schritt weiter. Es ist wie verhext! Kein Wunder also, dass die Lösung dieser Situation wie Magie erscheint![1]

Im Laufe meiner langjährigen Tätigkeit im Finanzdienstleistungsbereich habe ich viel Zeit damit verbracht, Situationen und Ereignisse zu analysieren. Wenn etwas gut lief, wollte ich wissen warum. Ebenso, wenn sich Projekte zu Fehlschlägen entwickelten oder angestrebte Produktionsvorgaben nicht erreicht wurden. Du kannst mir glauben, dass ich genug Gelegenheiten hatte, sowohl die Höhen des wirtschaftlichen Olymps, wie auch die Tiefen des existenziellen Hades[2] kennen zu lernen. Während ich beispielsweise 1975 erfolgreichster nationaler Bezirksleiter einer großen deutschen Versicherungsgesellschaft war und schnell zum Organisationsleiter aufstieg, konnte ich diese Position dennoch nicht auf Dauer halten. Später hatte ich Dank meines Know-hows in den Niederlanden einen 2.000 Mann starken Strukturvertrieb aufgebaut. Das Geschäft boomte. Ich hatte aber nicht mit dem Widerstand des Wettbewerbs gerechnet. Unser Produktpartner in den Niederlanden wurde von den holländischen Versicherungsmaklern unter Druck gesetzt und sah keine andere Möglichkeit, als die Zusammenarbeit mit uns zu beenden. So standen wir plötzlich ohne Produkte da.

[1] Quelle: Jürgen Höller, Sprenge Deine Grenzen, Düsseldorf/München, 1999[5], Seite 39f

[2] Unterwelt, Totenreich der griechischen Sage.

Solche Stories gibt es viele, von denen Du im Laufe dieses Buches noch detailliertere Ausführungen erwarten kannst. Doch neben der Tatsache, dass es sich dabei um interessante Geschichten und Erlebnisse handelte, dienten sie mir sozusagen zu Forschungszwecken. Ich lebte mein Leben und blickte zwischendurch immer wieder zurück, um Bilanz zu ziehen. Auf diese Weise lernte ich, die Ursache zu ergründen und konnte schließlich herausfiltern, welche Faktoren dauerhaftem Erfolg den Weg ebnen.

Dabei kreuzten auch viele scheinbare Erfolgsmethoden meinen Weg. Insbesondere in jungen Jahren musste ich mir immer wieder anhören, wie wichtig eine solide Ausbildung ist. Das ist zwar nicht falsch, nur stellt eine Lehre – wie ich sie als Koch absolvierte – nicht unbedingt eine Garantie für Erfolg dar. Ganz im Gegenteil! Die meisten erfolgreichen Menschen, die ich kennen gelernt habe, wurden in anderen als ihren ursprünglich erlernten Berufen erfolgreich! Bei genauer Untersuchung stellte ich fest, dass ihre Lehrberufe zumeist nicht von ihnen selbst, sondern von anderen Personen – wie ihren Eltern, Verwandten oder Lehrern – ausgewählt worden waren. Dabei wurde die Tatsache, dass ein Beruf etwas mit einer Berufung zu tun hat, einfach unter den Tisch gekehrt und stattdessen die erfolglose Mittelmäßigkeit angestrebt.

Man kann von Menschen, die selbst höchstens ein mäßig erfolgreiches Leben führen, nicht erwarten, dass sie einen mit den richtigen Ratschlägen zum Spitzenerfolg führen. Denn: Wenn sie vorgeben, das wirkliche Know-how des Erfolgs zu kennen, warum wenden sie es dann nicht selbst an? Daraus folgerte ich, dass ich mich an erfolgreichen Menschen orientieren muss, um die Grundlage für Erfolg zu finden.

Die zentralen Erfolgskomponenten

Interessant war, dass ich ursprünglich nur einen einzelnen Faktor suchte, der für mich und andere den Schlüssel zum Erfolg darstellen sollte. Nachdem ich aber einen solchen entdeckt hatte, wurde mir bald klar, dass es auch andere Klippen gab, an denen man zerschellen konnte. Eine positive Geisteshaltung etwa ist die Ausgangsbasis für ein erfolgreiches Leben. Sie beflügelt einen und steigert den eigenen Antrieb, Dinge in Bewegung zu setzen. Wenn aber konkret formulierte Ziele fehlen, verpufft diese Energie sehr schnell und man ist bald wieder demotiviert. Somit ist nicht nur ein Faktor entscheidend. Man kann ein intelligenter Mensch sein und es dennoch im Leben zu nichts bringen, weil man vielleicht zu schüchtern oder furchtsam ist. Oder man wird von Kindesbeinen an im Schoß einer millionenschweren Familie erzogen, kann aber trotz all des Reichtums (oder gerade deswegen) selbst keine ehrliche und lohnende Arbeit verrichten.

Die erste Erfolgsformel, die ich aufstellte und 1992 zum ersten Mal veröffentlichte, lautete:

$$E = V + H$$

Das heißt im Klartext: Erfolg (E) ist gleich Verlangen (V) (für ein Ziel) plus Handeln (H). Das bedeutet, dass man sich mit jeder Faser seines Körpers und mit seiner Absicht für das Erreichen eines einmal gesetzten, realistischen Zieles einzusetzen hat, um erfolgreich zu werden.

Doch fand ich später heraus, dass weitere Komponenten nötig sind, um es zu schaffen. All das führte mich zu den zentralen Komponenten für Erfolg.

Dabei handelt es ich um die folgenden:

(1) Positive Geisteshaltung
(2) Ziel(e)
(3) Glaube
(4) Handeln
(5) Korrektur

Du wirst nun vielleicht anmerken wollen, dass es sich dabei nicht unbedingt um neue Ideen handelt. Die Auffassung, dass der Glaube Berge versetzen kann, vertritt man schon seit der Geburtsstunde der ersten Religion auf Erden. Und die Idee der positiven Geisteshaltung ist im Laufe der letzten Jahrzehnte immer wieder propagiert und als Erfolgsrezept angeführt worden.

Völlig neu hingegen ist die Art und Weise, wie die obigen fünf Faktoren gewichtet und erklärt werden, und wie deren Zusammenspiel zu bahnbrechendem Erfolg führt. Und: Wenn ich von Zielen spreche, dann mag dahinter ein ganz anderes Konzept stehen, als Du es Dir zur Zeit vielleicht vorstellst.

Dabei geht es mir vor allem darum, Deinen Horizont zu erweitern. Ich weiß, dass Du all die Fähigkeiten, die Du benötigst, um ein Gewinner zu sein, bereits besitzt. Was Dir fehlt, ist die richtige Einstellung, um dieses brachliegende Potential vollständig zu nutzen!

Es stellt sich nun die alles entscheidende Frage, deren Antwort ausschlaggebend dafür ist, ob Du in Zukunft erfolgreich werden wirst oder nicht.

Du stehst jetzt am Wendepunkt Deines Lebens
Die grundlegende Frage, die ich Dir an dieser Stelle stellen möchte, und die Du Dir gleich hier und jetzt beantworten musst, lautet:

Soll das, was ich bisher in meinem Leben erreicht habe, schon alles gewesen sein?

Denke einen Moment lang nach und führe eine selbstkritische Analyse durch. Dabei können Dir die folgenden Fragen helfen:

Wo stehst Du im Moment?
Was besitzt Du?
Wer oder was bist Du?
Bist Du gesund?
Woraus bestehen Deine Tätigkeiten?
Bist Du finanziell unabhängig?
Bist Du beruflich erfolgreich?
Wie groß sind Deine finanziellen Reserven?
Hast Du Schulden?
Bist Du im familiären Bereich erfolgreich?
Wie steht es um Dein soziales Umfeld?
Hilfst Du anderen Menschen?
Gefällt Dir Dein Leben?
Hast Du unangenehme Verpflichtungen?
Gibt es Dinge in Deinem Leben, die Dir missfallen?
Gibt es Dinge in Deinem Leben, die Dir gut gefallen?
Hast Du Ziele im Leben?
Erreichst Du Deine Ziele?
Was hast Du schon erreicht?
Bist Du glücklich?

Nimm Dir einige Minuten Zeit, um Dir Dein gegenwärtiges Leben und die jüngste Vergangenheit durch den Kopf gehen zu lassen. Erstelle eine Bestandsanalyse und schreibe gleich hier auf, wie Du Dein jetziges Leben siehst.

Dieser Schritt – so einfach er sein mag – zeigt Dir, ob Du durch das in diesem Buch enthaltene Know-how erfolgreich werden wirst. Stelle Dir jetzt noch einmal die Frage:

Soll das, was ich bisher in meinem Leben erreicht habe, schon alles gewesen sein?

Wenn Deine Antwort „Ja“ lautet und Du mit dem, was Du erreicht hast vollauf zufrieden bist, dann möchte ich Dich bitten, dieses Buch nicht weiter zu lesen und es jemandem zu geben, der in seinem Leben Veränderung ertragen kann.

Wenn Du mit „Nein“ geantwortet hast oder zumindest vermutest, dass das Leben noch mehr zu bieten hat, als Du bisher zu erreichen in der Lage warst, dann möchte ich Dich auf eine äußerst interessante Reise einladen. Auf eine Pilgerfahrt zu den wohlgehüteten Geheimnissen rund um das Thema Motivation. Und Motivation ist der Faktor, der Dich am Ende zum Erfolg führen wird.

Im Grunde ist es ganz einfach, Dich erfolgreich zu machen, denn:

Alles, was Du jemals zu erreichen vermagst,
befindet sich schon jetzt in Dir!

Glaube mir, es steckt in Dir! Das Potential ist vorhanden! Der Trick besteht darin, es freizusetzen. Und dieser Aufgabe wollen wir uns im Verlauf dieses Buches widmen!

Und noch ein Faktor: Du sollst nicht, wenn Du ins Rentenalter eintrittst, auf Dein Leben zurückblicken und sagen: „Wenn ich nochmal 30 Jahre jünger wäre, würde ich vieles anders machen!“ Mache es gleich jetzt anders und genieße Dein Leben in vollen Zügen! Sei erfolgreich! Nutze das Leben, das Du jetzt lebst!

(Hochwichtige Anmerkung: Um den Nutzen dieses Buches für Dich zu erhöhen, solltest Du all die konstruktiven Ideen, die Dir beim Lesen einfallen, schriftlich festhalten. Damit baust Du Dir gleichzeitig einen *Ideenpool*, also eine Sammlung positiver Geistesblitze auf, auf die Du jederzeit zurückgreifen kannst. Zu diesem Zweck findest Du im Anhang unter *Konstruktive Ideen* ein vorgefertigtes Formular. Ein weiterer Aspekt dieses Buches, ist die Umsetzung der Ideen in die Praxis, die *Aktionsplanung*. Auch dazu findest Du im Anhang ein Formular. Trage dort all die Tätigkeiten ein, die Du Dir zu tun vornimmst, wobei Du auch den zeitlichen Rahmen festlegst, wann Du sie durchführen willst. Detailliertere Ausführungen zu diesen Themen und wie sie Dir den Weg zum Erfolg ebnen werden, findest Du im weiteren Verlauf dieses Buches.

Um möglichst viel aus diesem Buch herauszuholen und es Dir nutzbar zu machen, musst Du die am Ende jedes Kapitels befindliche *Selbstprüfung* durchführen. Dabei geht es darum, dass Du selbst bestimmst, welche von den angegebenen Informationen und Verfahren *für Dich persönlich* wichtig sind und wie Du diese in die Praxis umsetzen wirst. Du wirst sehen, dass das gründliche Beantworten dieser Fragen den Nutzen des Buches für Dich mehr als verdoppeln wird!)

I. Positives Denken mal ganz anders

1. Superlativen des menschlichen Verstandes

Dieses Buch handelt von Erfolg und davon, wie Du ihn erreichen wirst. Das Mittel, ihn zu erreichen, ist Motivation. Doch was genau wollen wir motivieren? Worauf zielen unsere Anstrengungen ab?

Wäre dies ein Buch über Body-Building, wäre die Antwort recht einfach. Wir würden uns mit den Muskeln des menschlichen Körpers beschäftigen, jenen eiweißhaltigen Fasersträngen, die unsere physische Bewegung ermöglichen. Aber um ganz ehrlich zu sein: Muskeln sind selten der Ursprung von Erfolg. Selbst bei solch herausragenden Persönlichkeiten wie Arnold Schwarzenegger waren die Muskeln nicht die Triebfeder, sondern das Resultat von etwas Anderem. Bei seiner Karriere waren andere Komponenten im Spiel, die wir im weiteren Verlauf dieses Buches genau kennernlernen werden.

Aber keine Angst, selbst wenn Sport in Maßen der Gesundheit förderlich ist, erwarte ich nicht von Dir, dass Du von nun an Deine Freizeit mit Hanteln und Trainingsmaschinen verbringst und Dich von Eiweißpräparaten ernährst. Das ist nicht die Kraft, die wir trainieren wollen.

Die „Hardware", die zu nutzen wir anstreben, ist der Verstand. Jenes etwas, das uns Menschen über das Tier erhebt und es uns ermöglichte, die Erde nach unseren Wünschen zu gestalten. Gehe einmal durch eine moderne Großstadt. Es gibt dort kaum noch einen von Menschen unberührten Flecken Erde. Häuser, Straßen, Gärten – alles wurde künstlich angelegt. Wir haben die sieben Weltwunder geschaffen, den Mond bereist und sind auf molekularer Ebene dank genialer Wissenschaftler bis zur Stufe der Atome und darüber hinaus vorgedrungen. Dabei ist schon lange bekannt, dass der Mensch über ein weit größeres Potential verfügt als er nutzt. Schon Thomas E. Edison, der geniale Erfinder, sagte einst:

„Wenn wir alles täten, wozu wir im Stande sind,
würden wir uns wahrlich in Erstaunen versetzen!"[3]

[3] Quelle: Jürgen Höller, Sprenge Deine Grenzen, Düsseldorf/München, 1999[5], Seite 13

Menschliche Superlative
Unser Verstand ist ein hochwertiger Supercomputer. Pro Sekunde kann er Millionen von Informationseinheiten verarbeiten. Dabei arbeitet er nicht mit dem bei Computern üblichen binären System, bei dem es im Grunde nur zwei Informationszustände gibt, sondern sozusagen in Graustufen. Wir haben viele Jahre gebraucht, um Computer soweit hochzuzüchten, dass sie uns Menschen in dieser Beziehung ähnlich erscheinen. Letzten Endes ist es aber noch immer der menschliche Verstand, der diese Computer konzipiert!

Der Mensch kann Emotionen schaffen und wahrnehmen, und zwar ein breites Spektrum davon. Er verfügt über die Gabe der Ethik, kann richtiges von falschem Verhalten unterscheiden. Dank seiner Träume kann er sich eine komplette Phantasiewelt erschaffen und dem Alltag entrinnen, mit ihrer Hilfe aber auch soziale sowie technische Probleme lösen!

Der menschliche Verstand ist ein phantastisches Instrument. Ein geniales Werkzeug, dass Dir zur Verfügung steht. Anders ausgedrückt:

Du bist im Grunde ein Genie!

Eine phantastische Ausgangsbasis, nicht wahr?

Wenn wir dies als Analogie zu einem Computer betrachten würden, könnten wir sagen, dass wir Menschen über die beste Hardware verfügen, die derzeit auf der Erde erhältlich ist.

Doch irgendwie scheinen wir trotz unserer potentiellen genialen Fähigkeiten nicht so erfolgreich zu sein, wie wir es gerne wären.

Warum?

Eine gute Frage, die uns zum Problem des menschlichen Verstandes führt!

Das Problem des menschlichen Verstandes
Stelle Dir den modernsten Computer vor, den Du derzeit kaufen kannst. Eines jener Geräte, die mit supergekühlten Mikroprozessoren betrieben werden. Phantastisch hochgezüchtete Hardware. Vom Feinsten! Nahezu perfekt!

Was aber wäre, wenn Du auf diesem Computer nicht auch entsprechend fortgeschrittene Software einsetzen würdest, sondern nur ein betagtes Programm, das Anfang der 80er Jahre „modern" war. Die große Rechenleistung der Hardware wäre nutzlos, weil das gesamte System an der schwachen Software leiden würde! Und genau das ist auch beim menschlichen Verstand der Fall! Du verfügst über hochwertige Hardware, nutzt sie aber vergleichsweise nur, um damit Briefe zu schreiben oder Tetris[4] zu spielen!

Denke nur allein an Deine „Grafikfähigkeiten"! Hast Du schon einmal Deine Augen geschlossen und erforscht, wie klar und farbecht Du Bilder der Vergangenheit sehen kannst? Oder wie sehr Du diese mit Deiner Phantasie „auszumalen" vermagst? Die meisten Menschen wissen überhaupt nicht, dass sie über diese Fähigkeit verfügen, geschweige denn, wie sie damit umgehen sollen!

Wir wollen dabei nicht einmal auf solch ausgefallene Themen wie übersinnliche Wahrnehmungen eingehen. Selbst im Bereich der üblichen Sinneswahrnehmungen wird die vorhandene Kapazität nur zu einem Bruchteil genutzt. Es scheint, als hätte der Mensch Scheuklappen auf, die ihm die volle Sicht versperren.

Du könntest nun argumentieren, dass jeder Mensch eben nur soundso intelligent ist und daher auch nur das leisten kann, was er tagtäglich demonstriert. Dazu sollte ich sagen, dass Intelligenz nur ein Faktor ist, der Deinen Erfolg beeinflussen kann – es aber nicht unbedingt muss. Ich war als Schüler recht intelligent aber gleichsam auch – entschuldige meine Ausdrucksweise – tierisch faul! Dadurch blieb mir der Erfolg verwehrt. Ich hangelte mich eher schlecht als recht von einem Schuljahr zum nächsten. Von Erfolg keine Spur.

Die Idee, dass wir unser vorhandenes geistiges Potential bereits zur Gänze ausschöpfen würden, ist genauso falsch wie demotivierend. Wenn es so wäre, könnten wir uns nicht verändern. Dann könnten Menschen in Extremsituationen nicht die besonderen Leistungen vollbringen, derer sie in solchen Situationen eben fähig sind. Und wir alle wären noch genauso intelligent und fähig und hätten den gleichen Wissensstand wie in unserer Jugend.

[4] Ein simples Computerspiel.

Oder denke an solche Menschen wie Marius Müller-Westernhagen. Heute ist er ein erfolgreicher Star. Als vor kurzem jemand in den Archiven der Düsseldorfer Schule kramte, in der Westernhagen einige Jahre seines Lebens „abgesessen" hatte, kam heraus, dass seine Noten eher mittelmäßig waren – wenn überhaupt. Vielleicht war er in seiner Jugend nicht besonders intelligent, vielleicht auch nur faul. Aber eines ist klar: Inzwischen ist er seit Jahren erfolgreich! Warum? Er hat einen Weg gefunden, seine verborgenen Talente zu entfalten!

Ich will damit aufzeigen, dass es ein Unterschied ist, über ein gewisses Potential zu verfügen oder dieses auch bewusst zu nutzen. Oder frei nach Morpheus, der in dem Film *Die Matrix*[5] sagte: „Genau wie ich wirst Du irgendwann einsehen, dass es ein Unterschied ist, ob man den Weg nur kennt oder ob man ihn beschreitet."

Daher möchte ich Dich hiermit auffordern, Dir darüber bewusst zu werden, dass Du bereits jetzt über weit mehr Fähigkeiten verfügst, als Du nutzt. Ich möchte Dich weiterhin dazu bewegen, den Weg, den Du spätestens mit dem Lesen dieses Buches begonnen hast, weiterzuführen. Bereits damit beweist Du, dass Du zu einer positiven Geisteshaltung fähig bist! Jetzt gilt es noch, sie zu nutzen und Deine verborgenen Talente zu entfalten!

Doch bevor wir uns Deinen Talenten widmen, noch eine Frage: Wo wirst Du Deinen Erfolg finden?

Die Quelle Deines Erfolgs

Ich habe im Laufe meines Lebens viele Menschen kennen gelernt, die nicht sehr glücklich waren. Sie gaben den Umständen oder ihrer Umgebung die Schuld dafür. Das ist verständlich, weil es recht leicht ist. Wenn sie dann von jemandem hörten, der erfolgreich ist – etwa einem Schauspieler in Hollywood – sagten sie: „Ja, der ist ja in Los Angeles! Das ist eine riesige Stadt! Wenn ich dort wäre, könnte ich auch erfolgreich sein!"

Es ist recht interessant, dass solche Menschen immer dort den Erfolg vermuten, wo sie selbst gerade nicht sind! Mit anderen Worten: Sie gehen davon

[5] Ein Science-Fiction-Film, in dem ein Widerstandskämpfer namens Morpheus den Programmierer Neo dazu bringt, sich seiner wirklichen Fähigkeiten bewusst zu werden und sie zu nutzen.

aus, dass sie erfolgreich wären, wenn sie in einer anderen Stadt oder einem anderen Land leben würden. Das hört sich in der Praxis etwa wie folgt an:

Peter: „Hast Du schon von Willi Waldschrat gehört? Der hat im Taunus eine Sägefabrik gebaut und ist inzwischen Multimillionär!"
Paul: „Das ist ja kein Kunststück. Wenn ich in den Taunus gezogen wäre, hätte ich das auch geschafft – bei den vielen Bäumen!"

Ein anderes Beispiel:

Peter: „Ich würde gerne auch einmal im Leben so erfolgreich sein wie Tom Cruise."
Paul: „Das ist bei dem ja kein Kunststück. Der lebt in Amerika, und in Hollywood ist sowieso alles möglich. Schade, dass die Filmindustrie in Deutschland noch nicht so weit ist."

Es stellt sich hier natürlich die Frage: Warum zieht die Person nicht einfach um, und zwar dorthin, wo sie erfolgreich sein kann? Wenn Du einer Person wie Paul im obigen Beispiel solch einen Vorschlag machst, erhältst Du als Antwort gewöhnlich nur eine Latte von Gründen, warum gerade das nicht geht.

Die Wahrheit ist nun die, dass die Quelle für Deinen Erfolg nicht irgendwo anders zu suchen ist. Du musst überhaupt nirgendwo hin reisen, um sie zu finden. Warum? Ganz einfach:

Du selbst bist die Quelle Deines Erfolgs!

Und egal, ob Du dort bleibst, wo Du gerade jetzt lebst oder in die Vereinigten Staaten ziehst: Es liegt immer noch an Dir! Und jemand, der das nicht wahrhaben will, kann reisen, wohin er will, er wird nirgendwo erfolgreich sein! Weiterhin wird er niemals glücklich. Und er wird – mit all den Gründen, die er dafür hat, dass es so sein muss – zu den Verlierern gehören!

Es mag nicht leicht zu akzeptieren sein, aber es liegt alles in Dir! Du bist und bleibst die Quelle Deines Erfolgs! Andere Menschen können Dir helfen, manche Dinge sind in der Lage, Dich zu inspirieren. All das ändert aber nichts an der obigen Tatsache.

Entscheide Dich an dieser Stelle, ob Du damit übereinstimmen kannst. Dann gehen wir zum nächsten Schritt über und erforschen Deine verborgenen Talente!

Leitsätze:

- ❑ Du bist im Grunde ein Genie!
- ❑ Lerne, das Potential Deines Verstandes zu nutzen!
- ❑ Nutze Deine „Hardware“ mit der richtigen „Software“ voll aus!
- ❑ Wenn wir alles täten, wozu wir im Stande sind, würden wir uns wahrlich in Erstaunen versetzen! (Thomas E. Edison)
- ❑ Deine Fähigkeiten sind größer als Du selbst vermutest!
- ❑ Es ist ein Unterschied den Weg zu kennen oder ihn zu gehen. Übertreffe andere, indem Du beides machst!
- ❑ Du selbst bist die Quelle Deines Erfolgs!

Selbstprüfung

1. Welche Erkenntnisse habe ich aus dem letzten Kapitel gewonnen?

2. Welche Erkenntnisse lassen sich auf mein Leben übertragen?

3. Womit beginne ich sofort?

2. Jetzt gilt es verborgene Talente zu entfalten!

Glaubst Du, dass Du über verborgene Talente verfügst? Dass tief in Deinem Innern Kräfte und Fähigkeiten schlummern, die außergewöhnlich sind? Ich bin der festen Überzeugung, dass es so ist. Und wenn Du Dich dieser Meinung anschließt, sind wir schon einen großen Schritt weiter!

Die Becker-Story

Betrachten wir in diesem Zusammenhang einige Beispiele, die uns aufzeigen, über welche Talente wir verfügen und wie andere Menschen sie zum Vorschein gebracht haben. Etwa die Geschichte von Boris Becker. Im Alter von 14 Jahren spielte er bei einem Sichtungsturnier des Deutschen Tennisbund mit – als einer von vielen. Interessanterweise wurde er damals einstimmig als „untauglich“ und „nicht förderungswürdig“ abgestempelt. Die Trainer schauten sich seine Technik und sein scheinbares „Talent“ an, bemerkten, dass er nicht die idealen körperlichen Voraussetzungen mitbrachte und schrieben ihn ab.

An dieser Stelle hätte die Geschichte zu Ende sein können. Einfach so! Wäre da nicht Ion Tiriac gewesen, der das Turnier von der Zuschauertribüne aus mitverfolgte. Auch er beobachtete Becker bei seinem Spiel, übersah dabei auch nicht die negativen Attribute, die den Jury-Trainern aufgefallen waren. Er bemerkte aber noch etwas anderes: Boris Becker rannte hinter jedem Ball her! Schien es auch schier unmöglich, ihn zu erreichen, er versuchte es trotzdem! Er hechtete, sprang und rannte, um den Ball doch noch zurückzuschlagen. Genau das hat Tiriac beobachtet. Er sah, dass Becker zwar nicht über die beste Technik verfügte, erkannte aber die flammende Motivation, die in diesem jungen Tennisspieler loderte! Das Resultat: Tiriac nahm Becker unter Vertrag, engagierte einen Trainer und ließ diesen seine verborgenen Talente hervorbringen. Drei Jahre später war Boris Becker Wimbledon-Sieger!

Während wir dieses herausragende Beispiel mit Staunen betrachten, vergessen wir oft, dass es Hunderte oder sogar Tausende junger Nachwuchsspieler gibt, die über das gleiche Talent wie Becker verfügen. Nur werden sie leider niemals dazu gebracht, ihre brachliegenden Fähigkeiten zu entfalten und selbst erfolgreiche Spitzensportler zu werden! Vielleicht nimmt sich auch einfach niemand ihrer an und vermittelt ihnen die Einstellung, die Becker zum Champion machte:

„Sieg' oder bleib zu Hause!“

Auf den Spuren des Paten
Glaubst Du, dass in einem jungen Mann, der als Platzanweiser in einem Theater arbeitet, das Talent eines einzigartigen Schauspielers schlummern kann? Eine interessante Frage. Wenn wir uns jemanden anschauen, der bereits Ruhm und Erfolg erreicht hat, ist für uns klar ersichtlich, dass er über das nötige Talent verfügt. Was aber, wenn wir den gleichen Menschen zu einem Zeitpunkt betrachten, an dem er noch weit vom Höhepunkt seiner Karriere entfernt ist? Dann würden wir wahrscheinlich keinen Pfifferling in seine Zukunft investieren.

Nehmen wir als Beispiel diesen jungen Mann, der am 25. April 1940 in der New Yorker South Bronx zur Welt kam und von seinen sizilianischen Großeltern aufgezogen wurde. Keine gute Ausgangsbasis für eine erfolgreiche Karriere. Wir würden erwarten, dass er – wie viele andere aus seiner wenig noblen Gegend – ein mittelmäßig erfolgloses Leben führen wird. Doch dieser Mann erkannte schon recht früh sein Talent. Er fühlte, dass in ihm ein guter Schauspieler steckte. Und so studierte er Schauspielerei und ließ seine Lehrer mit ihm zusammen daran arbeiten, dieses Talent zu entfalten und offenzulegen. Er erlangte an der Bühne einige Erfolge und bekam 1969 seine erste Filmrolle, wodurch einer der begnadetsten Regisseure aller Zeiten auf ihn aufmerksam wurde und ihn 1972 für eine Hauptrolle in „Der Pate“ verpflichtete. Du hast es vielleicht schon erraten, die Rede ist von Al Pacino, der in diesem Film an der Seite von Marlon Brando die Rolle von Michael Corleone spielte. Er nutzte sein Talent, führte seinen Weg als Schauspieler unbeirrt fort und gewann schließlich 1993 – nach acht Nominierungen – den begehrten Oscar. Bei seiner Rede anlässlich dieser Verleihung wies er darauf hin, aus welchen Verhältnissen er stammt, und dass für ihn der amerikanische Traum wahr geworden war. Er hatte es geschafft, und machte anderen Mut, es auch zu tun.

Der Geist bestimmt die Richtung

Eine interessante Tatsache, die mich immer wieder aufs neue fasziniert ist, dass unser Geist die Richtung unseres Denkens und – als Folge davon – unser Handeln und Leben bestimmt. Du magst das schon oft gehört haben, doch betrachten wir dieses Thema einmal von einem anderen Gesichtspunkt.

Im normalen Sprachgebrauch bezeichnen wir das „Richten unseres Geistes auf etwas" gemeinhin als „Aufmerksamkeit". Wir richten unsere Aufmerksamkeit auf etwas und denken dann daran. Das ist das, was man als *passive Aufmerksamkeit* bezeichnen könnte. Von außen dringen Reize oder Informationen auf uns ein, die unsere Aufmerksamkeit erregen und uns dann über etwas Bestimmtes nachdenken lassen.

Ein typisches Beispiel hierfür ist die Werbung. Sie versucht, unsere Aufmerksamkeit auf etwas zu lenken und eine Reaktion bei uns hervorzurufen. Wir sehen dieses absolut rassige Auto, dessen Metalliclackierung in der Sonne glitzert, über die Mattscheibe flimmern und spüren in uns den Wunsch aufsteigen, selbst einen solchen Wagen zu besitzen oder zu fahren. Oder wir bemerken, wie unser Magen hungrig knurrt, wenn wir die Werbung für ein saftiges Brathähnchen sehen. Ganz abgesehen von den Reizen, über die anregende Vertreter des anderen Geschlechts verfügen und auf die wir gerne aufmerksam werden. Aber: Es handelt sich dabei in allen Fällen um passive Aufmerksamkeit, die von unserer Umgebung gesteuert wird!

Weitaus interessanter ist für uns jedoch die *aktive Aufmerksamkeit*. Darunter verstehe ich diejenige Art von Aufmerksamkeit, die nicht von außen auf uns einwirkt, sondern aus uns selbst entspringt, also von uns selbst aktiv ins Leben gerufen wird! Das funktioniert etwa so: Du hast den Entschluss gefasst, erfolgreich zu werden. Du richtest einen Großteil Deiner Aufmerksamkeit auf dieses Ziel. Dadurch filterst Du unbewusst all die Informationen aus Deiner Umgebung heraus, die damit zu tun haben, erfolgreich zu werden, und kannst sie Dir nutzbar machen! Ein einfaches, aber überaus wirkungsvolles Prinzip.

Das ist ein äußerst interessanter Mechanismus. Als ich mich zum ersten Mal mit dem Thema Investmentfonds beschäftigt habe, sah ich plötzlich bei Banken, in Zeitschriften und an anderen Stellen Informationen zu diesem Thema, die ich vorher schlichtweg übersehen hatte. Ähnlich war es, als ich mich entschieden hatte, Pilot zu werden. Ich erkannte erst ab diesem Moment, wie viele Informationen zu diesem Thema in meiner Umgebung vorhanden waren, die ich vorher nicht gesehen und daher auch nicht genutzt hatte. Einfach dadurch, dass man seine Aufmerksamkeit aktiv auf bestimmte Themen lenkt, nimmt man diese besser wahr und trifft auf Menschen und Situationen, die einem bezüglich dieser Themen behilflich sein können!

Konzentriere Deine aktive Aufmerksamkeit auf Themen,
die Dir Erfolg bringen!

Wahrscheinlich hast auch Du schon ähnliche Erfahrungen zum Thema Aufmerksamkeit gemacht, auch wenn Dir die Zusammenhänge vielleicht nicht gleich bewusst geworden sind. Jetzt, wo Du mehr darüber weißt, kannst Du es nutzen, um Deine Aufmerksamkeit aktiv auf das Thema *Erfolg* auszurichten! Konzentriere Dich in den nächsten Wochen auf dieses Thema, und Du wirst neue Eindrücke gewinnen und Dinge sehen, die Dir bisher entgangen sind. Das gilt nicht zuletzt auch für Deine eigenen Talente!

Erforsche Deine verborgenen Talente!

Eines der größten Hindernisse auf dem Weg zum Erfolg besteht darin, dass die Menschen nur selten versuchen, ihre Talente zu erforschen. Sie tun es einfach nicht! Und damit verschwenden sie ihr größtes Potential!

Das gilt auch für Dich. Wenn Du beispielsweise niemals versucht hast, Klavier zu spielen und Dich ein wenig in diese Materie hineinzuarbeiten – wie willst Du dann mit Sicherheit sagen können, dass Du nicht über das Talent verfügst, ein großartiger Pianist zu werden? Den gleichen Fehler begehen jährlich Millionen von Menschen! Statt sich ihrer eigenen Talente bewusst zu werden, gehen sie als Zuschauer in Konzerte – wobei sie mit der nötigen Förderung und dem entsprechenden Training möglicherweise viel besser spielen könnten, als die Musiker auf der Bühne.

Das gilt für viele Lebensbereiche! Wenn Du Dich niemals aktiv mit Rhetorik beschäftigt hast, woher willst Du dann wissen, dass Du kein begnadeter Redner sein kannst? Und wenn Du niemals auf der Bühne oder vor der Kamera gestanden hast, wie kannst Du sicher sagen, dass Du nicht das Zeug zu einem guten Schauspieler hast?

Allgemein formuliert:

Wenn Du es niemals versucht hast, woher willst Du dann die Gewissheit nehmen, dass Du es nicht kannst?

Ergo: Versuche es!

Ich selbst hatte früher keine Ahnung, dass ich einmal vor Hunderten und Tausenden von Menschen Seminare halten würde. Als Koch bestand das Höchste der kommunikativen Gefühle darin, mich mit Frikadellen zu „unterhalten" oder einer Suppe gut zuzureden. Erst als ich im Strukturvertrieb tätig war und vor Menschen reden musste, erkannte ich, dass ich über das Potential verfügte, es zu tun. Dabei will ich nicht sagen, dass ich von Anfang an perfekt war. In der Tat hatte auch ich mit meinem inneren Schweinehund zu kämpfen und musste an meiner Ausdrucksweise feilen und sie verbessern. Und selbst heute habe ich gehöriges Lampenfieber, wenn ich vor Hunderten von Leuten spreche. Aber irgendwo in mir steckte schon immer die Fähigkeit, es zu tun – und jetzt tue ich es! Scheinbar sogar so gut, dass man mir schon Mal das Kompliment machte: „Mein Gott, für Ihre Rhetorik brauchen Sie aber einen Waffenschein!"

Dabei geht es auch darum, die sich bietenden Gelegenheiten zu ergreifen. Um sein schauspielerisches Talent zu entdecken, kann man sich lokalen Theatergruppen anschließen und sein Glück versuchen. Oder man beschäftigt sich mit Musik, Kunst oder neuen technischen Herausforderungen. Und wenn es keine Möglichkeit zu geben scheint, folgt man einfach dem Gelegenheitsprinzip, das ich wie folgt formuliert habe:

„Ein schlauer Mensch wird sich mehr Gelegenheiten verschaffen, als sich ihm bieten."

Statt das Potential ihrer eigenen Talente zu erforschen sagen Menschen oft: „Ich bin nicht zum Verkäufer geboren!" Oder: „Ich bin kein ...!" Damit verschließen sie sich die Tür zu ihren eigenen Fähigkeiten, nageln sie zu und öffnen sie möglicherweise nie wieder!

Natürlich ist das der falsche Weg! Wir wollen nicht daran arbeiten unsere Fähigkeiten vor uns zu verschließen. Unser Ziel besteht darin, Deine verborgenen Energien zu entfalten und in Richtung Erfolg zu lenken! Und genau das werden wir jetzt tun!

Leitsätze:

- ❑ Sieg' oder bleib zu Hause! (Boris Becker)
- ❑ Konzentriere Deine aktive Aufmerksamkeit auf Themen, die Dir Erfolg bringen!
- ❑ Lasse Deinen Fähigkeiten freien Lauf!
  Setze die in Dir schlummernden Talente frei!
- ❑ Nutze Deine verborgenen Talente!
- ❑ Wenn Du es niemals versucht hast, woher willst Du dann die Gewissheit nehmen, dass Du es nicht kannst? Ergo: Versuche es!
- ❑ Ergreife die Gelegenheiten, die sich Dir bieten!
- ❑ Befolge das Gelegenheitsprinzip: Ein schlauer Mensch wird sich mehr Gelegenheiten verschaffen, als sich ihm bieten.

Selbstprüfung

1. Welche Erkenntnisse habe ich aus dem letzten Kapitel gewonnen?

2. Welche Erkenntnisse lassen sich auf mein Leben übertragen?

3. Womit beginne ich sofort?

3. Was der positiven Geisteshaltung im Wege steht

Bevor wir tiefer in die Materie eindringen, müssen wir definieren, was wir unter einer positiven Geisteshaltung verstehen. Werden verschiedene Menschen aufgefordert, diesen Begriff zu umschreiben, geben sie recht unterschiedliche Erklärungen ab. In der Tat weisen die meisten Aussagen darauf hin, dass diese Menschen gar nicht wissen, was es damit wirklich auf sich hat.

Um nicht lange um den heißen Brei herumzureden:

Eine positive Geisteshaltung ist eine, die Deine Aufmerksamkeit aktiv auf zukünftige Erfolge richtet.
Sie besteht daraus, aus den existierenden Umständen die positiven Faktoren herauszuisolieren und diese zu betonen.

Idealerweise wären alle Menschen in der Lage, solch eine Geisteshaltung an den Tag zu legen und kontinuierlich aufrechtzuerhalten. Doch ist dies nur selten der Fall. Selbst wenn es das Schicksal durch einen günstigen Zufall gut mit ihnen meint, verhalten sie sich, als würden sie unter einem Yahoo-Baum schlafen ...

Die Geschichte des Yahoo-Baumes
Einst gab es einen einsamen Wandersmann, der tagein tagaus durch die Weltgeschichte spazierte. Eines schönen Tages – es war gerade dunkel geworden – legte er sich zum Schlafen unter einen großen Baum. Was er nicht wusste war, dass es sich um einen außergewöhnlichen Baum handelte, den Yahoo-Baum. Dieser hatte die besondere Eigenschaft, dass alles, was man sich wünschte, während man unter ihm schlief, in Erfüllung ging. Und so träumte unser Wandersmann davon, eine junge, hübsche Frau zu haben. Er hatte den Gedanken gerade zu Ende gedacht – schwuppdiwupp – da war auch schon die besagte Frau da. Als nächstes dachte er, dass es toll wäre, wenn er und seine Frau ein hübsches Heim ihr Eigen nennen könnten. Gedacht, geschehen – schon hatte er das schönste Haus, das man sich vorstellen kann. Er träumte weiter und sagte zu sich selbst, dass er jetzt nur noch so viel Geld bräuchte, dass er sich all das kaufen könnte, was er wollte. Du errätst schon, was dann passierte: Mit einem Mal war er unheimlich reich! Als er dann weiter träumte und das bisherige Ergebnis vor sich sah, sagte er zu sich:

„Mensch, ich habe so viel Glück, dafür werde ich irgendwann bezahlen müssen. Möglicherweise muss ich das alles mit meiner Gesundheit bezahlen. So viel Glück auf einmal kann es gar nicht geben. Ich werde bestimmt eines Tages fürchterlich krank werden!“ Er hatte das noch nicht ganz zu Ende gedacht, da war er auch schon krank. Als er dann so krank dalag, dachte er: „Verdammt, jetzt bin ich krank! Da wird mich meine junge hübsche Frau bestimmt bald verlassen!“ Und so geschah es auch. Von so viel Pech verfolgt, sagte er zu sich selbst: „Ich habe so viel Pech, jetzt dauert es bestimmt nicht mehr lange und ich werde mein Haus und meinen ganzen Reichtum verlieren!“ Und schon hatte er alles verloren, was er sich vorher gewünscht hatte. Sein letzter Gedanke war schließlich: „Bei so viel Unglück wird es bestimmt nicht mehr lange dauern, und ich werde sterben.“ Wie die Geschichte weiterging, überlasse ich Deiner Phantasie.

Ungeachtet der Glaubwürdigkeit dieser Story gibt es hier einen Faktor, auf den ich Dich hinweisen möchte, der den meisten Menschen unbekannt ist: In Wirklichkeit verleihen Dir Deine eigenen Gedanken die gleiche Kraft wie der Yahoo-Baum.

Alles, woran Du intensiv genug denkst, wird in Erfüllung gehen!

Vielleicht nicht in Windeseile, aber im Laufe der Zeit wird es geschehen. Das ist eigentlich phänomenal, ein wahrer Segen. Diese Fähigkeit aber nicht zu kennen und positiv zu nutzen, führt oft dazu, dass wir sie unbewusst gegen uns einsetzen. Ich selbst habe das am eigenen Leib erlebt. Als ich 1995 all meine Firmen verkauft und auch keine beruflichen Ziele mehr hatte, schien es kurzzeitig, als würde die ganze Welt über mir zusammenbrechen. Ich war in verschiedene Gerichtsprozesse verwickelt, musste mich mit früheren Fehlentscheidungen bei Immobilienspekulationen herumschlagen und kam kaum zum Luftholen. Von diesen Umständen beeinflusst, saß ich oft alleine zu Hause und dachte mir: „Mein Gott, du wirst alles verlieren!“ Meine Gedanken kreisten nur um die Tatsache, dass ich die Millionen, die ich vorher verdient hatte, verlieren würde. Das brachte mir enorme Verluste ein. Erst als ich meine Gedankenkraft wieder positiv einsetzte, ebnete sich mir aufs Neue der Weg nach oben.

Dabei ist mir folgendes klar geworden:

Das, was der Mensch glaubt, wird wahr!
Wer nicht an den Sieg glaubt, wird verlieren!
Wer innerlich weiß, dass er es schafft, wird alles erreichen!
Die Macht unserer Gedanken bestimmt unseren Weg!

Und sie führt uns entweder zum Erfolg oder zur Niederlage. Aber die Tatsache, dass wir uns dessen bewusst sind, ist der erste Schritt zum Erfolg und in Richtung einer bahnbrechenden Karriere!

Der Weg der Masse
Am Anfang dieses Buches haben wir uns mit der Tatsache auseinandergesetzt, dass rund 95 Prozent der Menschen erfolglos sind. Dieses Thema möchte ich an dieser Stelle erneut aufgreifen.

Die Frage war: Warum sind fünf Prozent erfolgreich und die restlichen 95 Prozent nicht?

Die Antwort lautet:

Die Masse der Menschen wird negativ erzogen!

Wenn wir uns den Werdegang eines Menschen ansehen, stellen wir fest, dass er schon sehr früh – in den ersten Jahren oder gar Monaten seines Lebens – negativ beeinflusst wird. Wir haben da diesen jungen Menschen, der gerade seine Windeln abgelegt hat und sich aufmacht, die Welt zu erforschen. Er krabbelt da- und dorthin, will sich neues Wissen aneignen und hört immer wieder „Nein!“. Wird er älter, dann bekommt er bei bei dem Versuch, sich Erfahrungen anzueignen, ein „Nein!“ und zusätzlich noch eine Ohrfeige. Wenn er dann noch während seiner ganzen Jugend Sätze wie „Das kannst Du nicht!“, „Das darfst Du nicht!“, „Das schaffst Du nicht!“ oder „Du bist zu jung/alt/dick/dünn/groß/klein!“ hört, muss man sich nicht wundern, wenn er irgendwann resigniert. Woher soll er die Kraft nehmen, aus dem Alltag auszubrechen, sich den Luxus einer eigenen Meinung zu gönnen und zu sich selbst zu sagen: „Ich weiß, dass ich es schaffe!“ Statt also ein erfolgreiches Leben zu führen, richtet er den Großteil seiner Aufmerksamkeit auf all die

Dinge, die mit ihm nicht in Ordnung sind. Mein Gott! Kein Mensch ist perfekt! Wir alle besitzen körperliche oder charakterliche Eigenschaften, die nicht gerade ideal sind. Aber ganz ehrlich: Das ist nicht wirklich entscheidend! Der ausschlaggebende Faktor ist, wie wir damit umgehen! Doch unsere negative Erziehung erteilt uns auch hier die falsche Lehre und hält uns am Boden. Davon musst Du Dich lösen!

Nur wenn Du Dir eine positive Geisteshaltung aneignest, wirst Du schließlich und endlich erfolgreich sein!

Es sind nicht die negativen Faktoren, die über Deinen Erfolg bestimmen. Sie scheinen ihn nur zu verhindern, können es aber nicht, wenn Du es ihnen nicht erlaubst!

Heinz Rühmann war ein Mann von eher kleiner Statur. Trotzdem wurde er einer der größten deutschen Schauspieler! Abraham Lincoln war ein überaus erfolgloser Geschäftsmann. Trotzdem wurde er Präsident der Vereinigten Staaten! Die Beatles verfügten zu Beginn ihrer Karriere über keine besondere Musikausbildung. Trotzdem wurden sie eine der erfolgreichsten Musikbands aller Zeiten! Carly Fiorina hatte es als Frau in der Männerwelt des Big-Business nicht leicht. Trotzdem wurde sie Chefin des Computerriesen Hewlett-Packard und gilt heute als eine der klügsten, charismatischsten und mächtigsten Geschäftsfrauen der USA. Winston Churchill war während seiner Internatszeit ein stotternder, ängstlicher Junge, der sich davor fürchtete, von seinen Kameraden verprügelt zu werden. Trotzdem wurde er einer der berühmtesten englischen Krieger und verhinderte im 2. Weltkrieg, dass England von den Deutschen eingenommen wurde. Ray Kroc war bis zum Alter von 52 Jahren ein Niemand. Trotzdem wurde er später durch sein Fastfood-Imperium McDonald's ein millionenschwerer Industriepionier!

Es gibt genug Gründe, die dagegensprechen, dass Du erfolgreich sein kannst! Diese sind aber nur dann wichtig, wenn Du ihnen erlaubst, wichtig zu sein! Ignoriere sie einfach und sei erfolgreich!

Der Mann, der aus dem Schatten seines Bruders trat

Ähnlich wie Ray Kroc erging es Will Kellogg, der bis zu seinem 46. Lebensjahr nicht wirklich erfolgreich war. Er arbeitete für seinen Bruder, einen Arzt, der ihm an Intelligenz und Ehrgeiz bei weitem überlegen war, und führte ein wenig aufregendes Schattendasein. Das Blatt wendete sich, als die beiden Brüder Getreidegerichte für Patienten herstellten und entdeckten, wie schmackhaft Weizenflocken waren. Während der Arzt dieser Entdeckung nichts besonderes abgewinnen konnte, hatte sein Bruder Will eine Vision: Getreideflocken für den Massenmarkt! Er sicherte sich die Rechte an dem Patent und machte sich an die Arbeit. Innerhalb weniger Jahre wurde er einer der reichsten Männer der Vereinigten Staaten. Und selbst über die Grenzen seines Heimatlandes hinaus sind Kellogg's Corn Flakes ein Hit geworden![5]

Kritik kontra kreative Schöpfungskraft

Oft haben junge (oder auch weniger junge) Menschen phantastische Ideen. Ihnen schwebt ein Geschäftskonzept vor, mit dem sie ihrer Meinung nach Sagenhaftes erreichen können. Doch bevor ihr Plan wirklich ausgegoren ist, reden sie mit anderen darüber und prallen auf deren konservative Abwehrmauer. „Um Gottes Willen, lass bloß die Finger davon! Da wirst du deines Lebens nicht mehr froh!“ sagt man ihnen. Ganz ehrlich: Ich finde diese Reaktion auf kreative Schöpfungskraft einfach nur niederträchtig. Dadurch wird – global betrachtet – der Fortschritt der Menschheit enorm verlangsamt. Wenn ich mir nur vor Augen halte, wie viel angenehmer unser Leben bereits sein könnte, wenn wir alle insgesamt eine positive Geisteshaltung an den Tag legen würden – es ist fast unvorstellbar!

Damit Du einschätzen kannst, wie sehr Du in der Vergangenheit durch äußere Umstände eingeschränkt wurdest, musst Du nur Deine gegenwärtige Situation betrachten. Beantworte die folgenden Fragen:

Bist Du gesund?
Kannst Du von Dir behaupten, dass Du beruflich erfolgreich bist?
Bist Du finanziell unabhängig?
Bist Du im Privatleben erfolgreich?
Hast Du viele gute Freunde?
Kannst Du umfangreiche Erfolge im sozialen Umfeld vorweisen?
Bist Du glücklich?

[5] Quelle: Jürgen Höller, Sprenge Deine Grenzen, Düsseldorf/München, 1999[5], Seite 71

In der Tat würden nur sehr wenige Menschen die obigen Fragen allesamt mit „Ja“ beantworten. Entweder, weil sie wirklich in allen Lebensbereichen erfolgreich sind, oder weil sie schon längst aufgegeben haben und sich nicht einmal mehr eingestehen können, dass es ihnen nicht besonders gut geht.

Drehe den Spieß um!

Wenn wir die Zeitung aufblättern oder den Fernseher einschalten, erfahren wir hauptsächlich, wie schlimm es in der Welt um uns herum zugeht. Und unterschwellig wird uns dabei die Botschaft vermittelt, dass wir nichts Besseres erwarten können. Unsere unmittelbare Umgebung schwingt auf der gleichen Wellenlänge und zeigt uns ebenfalls, dass wir eigentlich nicht besonders erfolgreich sein können.

Mit Hilfe dieses Buches, das Dir sozusagen als Trainer dienen soll, wollen wir den Spieß umdrehen. Wir ignorieren einfach all die Dinge, die dagegensprechen, dass Du erfolgreich sein kannst und konzentrieren uns auf den Erfolg! Der Unterschied zu Deiner Vergangenheit liegt dabei in folgender Tatsache verborgen: Ich glaube an Deinen Erfolg! Ich weiß, dass Du über ein ungeheures Potential verfügst, das nur darauf wartet, freigesetzt zu werden. Wenn ich nun auch Dich dazu bringe, dies zu akzeptieren und diese positive Geisteshaltung anzunehmen, sind wir schon zwei. Und damit haben wir eine solide Ausgangsbasis geschaffen!

Dies ist im Grunde der Weg, den die erfolgreichen Menschen gehen. Auch sie haben gute Ideen oder lernen solche im Verlauf ihres Lebens kennen. Auch sie werden mit dunklen Ahnungen und negativen Aussagen konfrontiert, an denen sie vielleicht sogar zu scheitern drohen. Dann aber gelangen sie an einen Punkt, der die Basis für ihren Erfolg darstellt. Sie hören auf, nach all diesen negativen Glaubenssätzen zu leben! Sie widersetzen sich! Sie sagen: „Zum Teufel nochmal, was ist hier los?!“ Von diesem Punkt an gehen sie ihren eigenen Weg und lassen sich nicht mehr beeinflussen. Es bedeutet auch, dass sie gegen den Strom schwimmen. Frei nach dem Spruch: Mit dem Strom schwimmen nur tote Fische. Ergo:

Man lebt nur dann wirklich, wenn man gegen den Strom schwimmt!

Das wird einem zu guter Letzt ein angenehmes Leben bescheren. Denn: Wo ist das Wasser eines Flusses am klarsten? An der Quelle! Und würde es Dir nicht auch besser gefallen, im klaren, sauberen Wasser zu schwimmen, als in der trüben Brühe am Ende des Flusses?

Das Newton'sche Gesetz in der Gesellschaft

Isaac Newton[6], der berühmte englische Naturforscher, hat eine Reihe von Gesetzen formuliert, die er über das Universum herausgefunden hat. Einer dieser Lehrsätze sagt aus, dass jede Kraft eine genau entgegengesetzte Kraft gleicher Größe auslöst. Am leichtesten lässt sich das an einem Beispiel erklären. Wenn Du versuchst, ein Auto anzuschieben und somit mit Kraft gegen das Auto drückst, übt das Auto gleichzeitig eine Kraft gegen Dich aus – ansonsten gäbe es keinen Widerstand und Du bräuchtest keine Kraft aufzuwenden, um das Auto zu bewegen.

Hierbei handelt es sich um ein Gesetz, das gewisse Vorgänge im materiellen Universum um uns herum beschreibt. Und obwohl der Mensch nicht nur aus einem Stück Materie besteht, sondern auch eine geistige Komponente besitzt, kommt dieses Prinzip auch im zwischenmenschlichen Bereich zum Vorschein. Wenn nämlich jemand versucht, erfolgreich zu sein oder mit Kraft und Energie daran herangeht, etwas zu erreichen, finden sich immer ein paar Typen, die versuchen, dem etwas entgegenzusetzen. Kaum erzählt jemand den Menschen, dass sie freier und erfolgreicher sein können, kommt jemand daher, der davor warnt, freier und erfolgreicher zu sein! Es ist ein wenig schwachsinnig, aber dieses Prinzip ist so stark im Gefüge unserer Gesellschaft verwurzelt, dass es uns gar nicht mehr auffällt. Und obwohl ein Gleichgewicht der Kräfte in vielen Fällen wichtig und nützlich ist, sollte nicht jede Aktion automatisch eine Gegenaktion auslösen, denn dadurch wird unser Fortschritt enorm gebremst!

Zu beobachten ist dieses Phänomen zum Beispiel in der Politik. Partei A sagt: „Es ist wichtig, dass wir ausländische Spitzenkräfte nach Deutschland holen!“ Fast automatisch wird die Opposition sagen: „Nein, wir sollten das nicht tun, sondern ...“ Kein Wunder, dass unsere Regierung bei so viel Widerspruch so wenig erreicht.

[6] Sir Isaac Newton, 1643 bis 1727. Seine bedeutendsten Leistungen sind Entwicklungen im Bereich der höheren Mathematik, die Entdeckung der Natur des Lichts und die Findung der Gravitationstheorie.

Beliebt ist dieses Prinzip auch bei Streitgesprächen in Talkshows. Ein Sender lädt zwei Personen oder Gruppen mit entgegengesetzten Meinungen ein und lässt sie übereinander herfallen. Der Zuschauer verfolgt diesen Streit, der in der Regel alles andere als produktiv ist.

Um zu testen, wie sehr dieses Prinzip in Deiner Umgebung verwurzelt ist, sage doch einfach einigen Menschen in Deiner Umgebung: „Ich werde in sieben Jahren Millionär sein!“ Du wirst überrascht sein, wie die Mehrzahl von ihnen reagiert.

Der Weg zum Erfolg wäre weitaus einfacher zu beschreiten, wenn es den gerade beschriebenen Faktor nicht geben würde. Doch er existiert. Wir können ihn also nicht verleugnen. Wir können aber das einzig richtige tun: Uns nicht auf unserem Weg aufhalten lassen, sondern trotz aller Widerstände weitermachen! Frei nach dem Motto:

Hindernisse sind dazu da, überwunden zu werden!

Mein eigener „Leidensweg“

Doch ist es nicht immer leicht, sich gegen solche gesellschaftlichen Mechanismen durchzusetzen. Ich selbst habe all das am eigenen Leib erfahren müssen. Nachdem ich 1965 die Volksschule in Stolberg-Breinig – einem kleinen Ort in der Nähe von Aachen – verlassen hatte, brachte mich mein Vater dazu, eine Lehre als Koch zu absolvieren. Eines seiner Hauptargumente war: „Da hast du immer gut zu essen!“ Nun ja, da er den zweiten Weltkrieg miterlebt hatte, war diese Aussage nicht verwunderlich.

Als ich 1968 meine Gesellenprüfung bestand und nun ein „echter“ Koch war – der einzige in unserem Ort übrigens – war mein Vater unheimlich stolz auf mich. Dafür hatte ich mich drei Jahre lang mit unmöglichen Arbeitszeiten, wenig Geld und der Schikanierung durch meinen Meister herumschlagen müssen. Mehr als einmal wurde er sogar handgreiflich, bis ich einmal zurückschlug – woraufhin ich mir eine andere Lehrstelle suchen durfte. Aber trotz all dieser Widrigkeiten schloss ich meine Lehre ab und erhielt meinen Gesellenbrief.

Als ich 1974 meine Kochschürze schmiss und nur noch für mich selbst und meine Familie kochte, stattdessen einen Job in der Finanzdienstleistungsbranche vorzog, sprach mein Vater über ein Jahr lang nicht mehr mit mir. Eine bittere Erfahrung, die ich aber in Kauf nehmen musste, um nach vorne zu kommen. Erst als ich zum Weihnachtsfest 1975 meine Eltern besuchte – ich hatte in der Zwischenzeit geheiratet und war Vater geworden – konnte ich die Kluft zwischen uns überwinden. Ich zeigte ihm meine Abrechnung des Vormonats, wo ich über 20.000 Mark verdient hatte. Er dachte zunächst, dass es sich dabei um eine Jahresabrechnung handeln würde und winkte mit den Worten ab: „Das ist doch nichts Besonderes. Soviel habe ich auch verdient." Als ich ihn darauf hinwies, dass es sich nicht um eine Jahres-, sondern um eine Monatsabrechnung handelte, war er zunächst überrascht. Schließlich hellte sich seine Mine auf, er klopfte mir auf die Schulter und sagte: „Ich habe ja schon immer gewusst, dass aus dir was wird!"

Hierzu möchte ich einen klugen Mann zitieren, der einmal sagte:

„Erfolg ersetzt alle Argumente."

Aber was war es, das meinen Vater so aufgebracht hatte? Was war geschehen, dass er über ein Jahr lang nicht mehr mit mir redete? Die Antwort darauf fand ich erst viel später.

Die gesellschaftlichen Mechanismen der Mittelmäßigkeit

Eigentlich leben wir in Deutschland recht gut. Wir sind eine der führenden Nationen dieser Welt, stellen hervorragende Autos her, unsere Industrie exportiert Produkte in fast aller Herren Länder. Unsere Infrastruktur ist vorbildlich. Die medizinische Versorgung beispielhaft. Und unsere Häuser werden so solide gebaut, dass sie für viele Generationen sicheren Lebensraum bieten.

Man kann sich – so gesehen – kaum vorstellen, dass selbst in unserem Land etwas verkehrt läuft. Doch unter der schönen Fassade trifft man auf Faktoren, bei deren Betrachtung sich einem leicht der Magen umdreht.

Wir betreten hier die Ebene der Mittelmäßigkeit, wo jeder Bürger – aus einer tiefsitzenden Angst vor Veränderung – emsig darauf bedacht ist, alles beim Alten zu belassen. Genau dieser Faktor war es auch, der meinen Vater, auf eine für mich zunächst unerklärliche Weise, handeln ließ.

Wie tief diese Einstellung in der Gesellschaft verwurzelt ist, erkennt man erst dann, wenn man einen Schritt zurücktritt, seinen Gesichtspunkt ändert und die Angelegenheit von außen betrachtet. Dann wird das wahre Ausmaß der Problematik offensichtlich.

Nicht, dass ich versuche, unser Land schlecht zu machen. Wir sind – wirtschaftlich betrachtet – immer noch eine der stärksten Nationen der Welt. Nur lässt unser Wirtschaftswachstum dieser Tage zu wünschen übrig. Bei einem kürzlichen Vergleich der europäischen Staaten landeten wir auf dem zweitletzten Platz! Das bedeutet, dass wir etwas verändern müssen! Wenn wir weiterhin zu bequem sind und auf unserem Status quo verweilen, dann werden wir immer schwächer werden. Dem sollten wir mit einer positiven Geisteshaltung entgegentreten und unser vorhandenes Potential nutzen, um eine neue Renaissance ins Leben zu rufen!

Die Essenz der Nachkriegszeit

Mitte 1945 war Deutschland am Ende! Der Krieg war verloren, das ehemalige Deutsche Reich lag in Trümmern. Während es für die Welt sicherlich ein Segen war, dass die Macht der Nazis gestoppt war, blickten Millionen Deutsche auf die Scherben ihrer Existenz. Es schien so, als sei unser Land ein für allemal fertig. Keine Zukunft, keine Perspektive! Dann aber geschah etwas, mit dem niemand gerechnet hatte: Unsere Großväter entschieden sich, ihre Situation zu verändern! Trotz all der Umstände kultivierten sie eine positive Geisteshaltung, schafften sich neue Zukunftsperspektiven. Und so wurde aus der Not eine Tugend geboren. Diese Menschen – unsere Vorfahren – haben damals die Ärmel hochgekrempelt und innerhalb von 20 Jahren aus den Trümmern eines zerfallenen Reiches eine blühende Wirtschaftsnation geschaffen. Und das ohne großartige soziale Absicherung. Man stellte sich einfach der Herausforderung, gab nicht auf und schaffte etwas, von dem wir heute noch zehren!

Doch was geschah dann? Das soziale Netz wurde ausgeweitet, Gewerkschaften etablierten sich, bauten ihre Position aus[7], und es wurde immer mehr Geld für immer weniger Arbeit gefordert. Die Begriffe „Lebensstil" und „Luxus" wurden immer größer und „Arbeit" sowie auch „Produktion" immer kleiner geschrieben. Über Jahrzehnte wurde der Deutsche zum Faulenzer

[7] Fußnote siehe Seite 47

erzogen. Wir brüsten uns damit, dass kein anderes Land auf der Welt existiert, in dem die soziale Sicherheit so groß ist, wie in Deutschland. Das mag eine tolle Errungenschaft sein – nur scheinen wir es etwas übertrieben zu haben und erhalten dafür heute die Quittung! Denn: Wenn Menschen 20 oder 30 Jahre lang dazu erzogen worden sind, weniger zu arbeiten und Arbeit, wo es geht, zu meiden, dann ist es in Zeiten, wo der Gürtel enger geschnallt werden muss, schwierig, diese Einstellung zu durchbrechen und das gesamte vorhandene Potential zu entfalten! Für die Politiker stellt sich das Problem, dass sie den Bundesbürgern klarmachen müssten, dass es so wie bisher nicht weitergehen kann, dass sie auf der anderen Seite aber auch gewählt werden wollen. Und das ist ein gravierendes Problem, von dem man glücklicherweise ablenken kann, indem man die Aufmerksamkeit der Massen mit Hilfe der Medien auf irgendwelche Skandale lenkt. Dass dies natürlich nicht wirklich zu einer Lösung führt und die Situation sogar noch verschlimmert, wird dabei geflissentlich „übersehen".

Was unserem Erfolg tatsächlich im Wege steht

Die gute Nachricht ist nun die: Wir können nach wie vor als Individuen, wie auch als Nation, überaus erfolgreich sein! Es ist möglich, unseren Lebensstandard zu steigern. Aber nur, wenn wir die Barrieren überwinden, die uns behindern!

Doch was genau steht uns im Wege?

Eine eingefleischte Abneigung gegen alle Veränderungen!

Einen ersten Hinweis darauf erhalten wir, wenn wir die gängigen Sprichwörter betrachten, von denen sich einige nicht besonders motivierend anhören. Ich bezeichne sie daher auch gerne als Killerphrasen:

„Schuster, bleib bei deinen Leisten!"
„Was Hänschen nicht lernt, lernt Hans nimmermehr!"

[7] Schon Ludwig Erhard, einer der Väter der sozialen Marktwirtschaft, und ein überaus kluger Kopf, der mit dem Thema Wirtschaft bestens vertraut war, wies auf den Einfluss der Gewerkschaften hin, als er einst sagte: „... *Es kam entscheidend darauf an, sich durch diese Turbulenz nicht beirren zu lassen; auch dann nicht, als die* ***Gewerkschaften*** *für den 12. November 1948 zum* ***Generalstreik*** *aufriefen, um auf diese drastische Weise* ***der Marktwirtschaft ein Ende zu bereiten****. Im Wirtschaftsrat stand das Barometer auf Sturm. ...*" – Ludwig Erhard, Wohlstand für alle, Düsseldorf, 1990[3], Seite 25

„Wer hoch steigt, kann tief fallen!"
„Eile mit Weile!"
„Geld verdirbt den Charakter!"
„Geld allein macht nicht glücklich!"

Während diese und ähnliche Redewendungen, deren Verwendung in der deutschen Sprache üblich ist, so unscheinbar erscheinen und man sie einfach als „normal" akzeptiert, zeigen sie doch, wie sehr man in Schranken gehalten wird. Die Ideen, die damit kommuniziert werden, laufen auf folgendes hinaus: „Zeige kein Interesse für neue Dinge, lerne nicht zu viel, bleib so wie du bist, sei nicht zu schnell und sei mit dem wenigen Geld, über das du verfügst, zufrieden!" Es sind reine Motivationskiller und gleichzeitig sind es Entschuldigungen dafür, dass man nichts erreicht hat, auf das man stolz sein kann. Wer solche Phrasen laufend verwendet, verschafft sich damit gleichsam ein Alibi für seinen Misserfolg!

Berühmte Fehlauffassungen

Nicht nur der Mann auf der Straße unterliegt dieser Abneigung gegen Veränderungen. Die Geschichte ist voll von Beispielen, die aufzeigen, dass selbst geniale Denker und führende Persönlichkeiten durch eine negative Denkweise Fehlschläge erlitten haben:

„Wir mögen diese Art von Musik nicht, und Gitarrenmusik ist nicht mehr interessant ..."
(Decca Recording lehnte 1962 die Beatles ab.)

„Die Möwe Jonathan wird als Taschenbuch niemals erfolgreich."
(James Galton, Besitzer des Mac Millan Verlages, der ein Angebot ablehnte, um für die Rechte der Veröffentlichung des Buches von Richard Bach als Taschenbuchausgabe mitzubieten. Zehn Jahre später waren über sieben Millionen Exemplare der Möwe Jonathan als Taschenbuch verkauft.)

„640K sollten für jeden genug sein."
(Bill Gates, 1981.)

„Es gibt keinen Grund, warum irgendeiner einen Computer zu Hause haben möchte."
(Ken Olson, Vorsitzender und Gründer von Digital Equipment, 1977.)

Ich bin nicht zum Verkäufer geboren!

Interessanterweise stößt man insbesondere im Bereich des Verkaufens auf eine negative Geisteshaltung. Viele Menschen sagen: „Ich bin nicht zum Verkäufer geboren!" Das ist – entschuldige meine Direktheit – der größte Schwachsinn, den es gibt! Warum? Weil man vom Tage seiner Geburt an nichts anderes macht, als zu verkaufen! Wenn ein Baby wenige Stunden nach der Geburt schreit, dann hat es Hunger. Es will essen! Und das „verkauft" es seiner Mutter, indem es schreit! Später – in der sogenannten Trotzphase – will das Kleinkind seine Grenzen ausloten. Das ist im Grunde auch nichts anderes als Verkaufen. Es will den Eltern die Grenze verkaufen, bis zu der es gehen kann. Wenn ein Kind etwas haben will, etwa Spielzeug, verwandelt es sich in einen hervorragenden Verkäufer. Wenn Du selbst Kinder hast, weißt Du, mit welcher Ausdauer und welchen psychologischen Tricks Kinder Argumente vorbringen, um ihre Eltern dazu zu bringen, etwas für sie zu tun.

Später, in der pubertären Phase, wenn man seine ersten sexuellen Erfahrungen macht – und natürlich auch später –, verkauft man sich selbst an das andere Geschlecht. Mittels Körpersprache und weiteren Methoden – die Thema eines anderen Buches sind – verkauft man sich einer anderen Person. Im allgemeinen Sprachgebrauch bezeichnet man das als „flirten". Dabei sagt man im Grunde nichts anderes als: „Ich bin der/die Richtige!" Man zeigt sich von seiner besten Seite und hofft, dass man einen guten Eindruck hinterlässt und der Partner „kauft". Im späteren Leben setzt sich dies fort, sei es bei Bewerbungen, Beförderungen oder anderen Aktivitäten.

Wie will da jemand ehrlich behaupten, dass er nicht zum Verkäufer geboren ist?

Das soll nun nicht bedeuten, dass alle Menschen gute Verkäufer wären, ganz und gar nicht. Einige machen ihre Sache nicht besonders gut. Aber sie *sind* Verkäufer, ungeachtet der Tatsache, ob sie in dieser Disziplin ein erfolgreicher Profi sind oder nicht.

Wie man die Furcht überwindet

Wir haben es also mit einer tief im Menschen verwurzelten Einstellung zu tun, einer Abneigung gegen Veränderung, die ihren Ursprung wohl in der Furcht vor dem Unbekannten hat. Interessanterweise halten viele ihren Status quo-Gesichtspunkt nur so lange aufrecht, bis man ihnen beweist, dass es auch anders geht. Sie gehen nämlich davon aus, dass man erfolglos sein wird, wenn man nicht den gleichen Weg einschlägt, wie sie selbst (was eigentlich paradox ist, da sie selbst nicht wirklich erfolgreich sind). Nur selten spielt Neid eine Rolle. Als mein Vater über ein Jahr lang nicht mit mir sprach, weil ich meinen sicheren Job als Koch geschmissen hatte, ist diese Reaktion wahrscheinlich darauf zurückzuführen, dass er dachte, er hätte als Vater versagt. Immerhin hätte es ja auch passieren können, dass ich auf die Nase falle und ..., nun, was hätten die Nachbarn wohl gedacht? Es wäre mehr als nur ein gesellschaftlicher Fauxpas[8] gewesen.

In dem Moment aber, wo ich ihm zeigte, dass der von mir eingeschlagene Weg tatsächlich zum Erfolg geführt hatte und sich seine Befürchtungen als unbegründet erwiesen, waren all seine Zweifel und Sorgen verflogen. Das ist eine übliche Reaktion.

Mache Dir also keine Sorgen darüber, dass Du all Deine Freunde und die Zuneigung Deiner Familie verlieren wirst, nur weil Du einen anderen Weg gehst oder Deine „ausgefallenen“ Ideen realisieren willst. Selbst wenn sich um Dich herum zunächst Enttäuschung breit macht, wird diese in dem Moment verfliegen, in dem Du den angestrebten Erfolg zeitigst. Dann zahlt es sich doppelt und dreifach aus, dass Du den Weg des Erfolgs gegangen bist!

Wie Deine Gedanken Dein Leben beeinflussen

Anfang des neuen Jahrtausends wurden in der WAZ[9] die Ergebnisse einer kurz zuvor duchgeführten Umfrage veröffentlicht. Das Thema: Was erwarten Sie vom Jahr 2000? Man könnte mutmaßen, dass viele Menschen in das dritte Millennium mit neu belebter Hoffnung und einer wirklich positiven Geisteshaltung eintreten. Doch genau das Gegenteil war der Fall. Über 80 Prozent der Befragten waren sich darüber einig, dass das Jahr 2000 genauso schlecht sein würde wie 1999. Und ich bin mir ziemlich sicher, dass sie damit recht hatten! Zumindest was sie selbst betrifft, denn:

Das, was der Mensch denkt, das bekommt er auch!

[8] Verstoß gegen gesellschaftliche Umgangsformen, Taktlosigkeit.
[9] Westdeutsche Allgemeine Zeitung.

Interessant ist, dass dieser Mechanismus sowohl in positiver, wie auch in negativer Richtung funktioniert. Wenn Du davon ausgehst, dass sich Dein Leben in eine positive Richtung entwickeln wird, diese Einstellung aufrechterhältst und Dich durch nichts davon abbringen lässt, wirst Du ein glücklicheres und erfolgreicheres Leben führen. Auf der anderen Seite verdammst Du Dich mit fortgesetzten negativen Gedanken zu einer unglücklichen Existenz. Mal ganz ehrlich: Wenn Du Dich entscheiden könntest, welchen Weg würdest Du wählen?

Tatsächlich ist es so, dass Du die Wahl hast. Viele Menschen glauben an das Schicksal, das ihr Leben bestimmt. Das ist aber vielmehr eine Entschuldigung dafür, dass sie es nicht schaffen, ihre eigenen Ziele zu erreichen.

Die Wahrheit ist die, dass Du immer eine Wahl hast!

Selbst wenn Du mit einer Waffe bedroht wirst, hast Du immer noch die Wahl, der Bedrohung nachzugeben oder Dich ihr zu widersetzen – auch wenn man versucht, Dich durch die Konsequenzen in eine Entscheidungsrichtung zu zwingen. Dieses Naturgesetz trifft selbst auf solch gefährliche Situationen zu.

Im Lebensalltag werden wir selten mit lebensbedrohlichen Situationen konfrontiert. Und die Entscheidung positiv oder negativ zu denken, wird uns nicht von außen aufgezwungen – auch wenn sie durch die größtenteils negativen Medienberichte und die Menschen um uns herum beeinflusst wird. Es liegt an Dir, die Entscheidung zu treffen! Sich dies einzugestehen ist nicht ganz einfach, weil es gleichbedeutend damit ist, seine früheren Fehler zuzugeben. Dies ist eigentlich Thema eines späteren Kapitels, aber es spielt hier mit hinein.

Die Frage, die Du Dir gleich jetzt stellen musst – und der Du Dich gleichsam stellen musst – lautet: *Willst Du in Zukunft mit einer negativen oder mit einer positiven Geisteshaltung durchs Leben gehen?*

Beabsichtigst Du Deine Aufmerksamkeit auf Misserfolg, Krankheit, Elend und Versagen zu richten oder auf Erfolg, Gesundheit, Freude und die Erreichung Deiner Ziele? Anders ausgedrückt: Willst Du ein Verlierer sein oder ein Gewinner? Das ist die Schlüsselfrage, deren Antwort über Deinen zukünftigen Erfolg entscheidet.

Der feine Unterschied

Ob man als Gewinner oder Verlierer durchs Leben geht, hängt von der eigenen Einstellung ab. Das ist der ausschlaggebende Faktor. Worin der Unterschied liegt, zeigen die folgenden Leitsätze auf:

Der Gewinner hat immer einen Plan,
der Verlierer immer eine Ausrede.
Der Gewinner findet für jedes Problem eine Lösung,
der Verlierer in jeder Lösung ein Problem.
Der Gewinner vergleicht seine Leistungen mit dem Ziel,
der Verlierer mit denen anderer Leute
(und rechtfertigt so seine Niederlagen).

Für welche Seite entscheidest Du Dich? Wie gesagt, es ist Deine Entscheidung. Ich kann sie Dir nicht abnehmen. Aber ich versichere Dir, dass eine positive Geisteshaltung das Samenkorn für ein erfolgreiches Leben darstellt. Sie ist der erste Schritt zu wirklicher Motivation. Und sie aufrechtzuerhalten, ist der Weg zu Erfolg in allen Lebensbereichen.

Leitsätze:

- ❑ Eine positive Geisteshaltung ist eine, die Deine Aufmerksamkeit aktiv auf zukünftige Erfolge richtet! Sie besteht daraus, aus den existierenden Umständen die positiven Faktoren herauszuisolieren und diese zu betonen!
- ❑ Denke an den Yahoo-Baum: Alles, woran Du intensiv genug denkst, wird in Erfüllung gehen!
- ❑ Das, was der Mensch glaubt, wird wahr!

- ❑ Wer nicht an den Sieg glaubt, wird verlieren! Wer innerlich weiß, dass er es schaffen wird, wird alles erreichen!
- ❑ Die Macht unserer Gedanken bestimmt unseren Weg!
- ❑ Rund 95 Prozent der Menschen sind erfolglos, weil sie negativ erzogen wurden und diese Einstellung weiter kultivieren!
- ❑ Drehe den Spieß um! Ignoriere einfach all die Dinge, die dagegen sprechen, dass Du erfolgreich sein kannst! Konzentriere Dich auf Deinen Erfolg!
- ❑ Erfolgreiche Menschen widersetzen sich negativen Gedanken und legen eine positive Geisteshaltung an den Tag!
- ❑ Nur wenn Du Dir eine positive Geisteshaltung aneignest, wirst Du schließlich und endlich erfolgreich sein!
- ❑ Es gibt genug Gründe, die dagegensprechen, dass Du erfolgreich sein kannst! Diese sind aber nur dann wichtig, wenn Du ihnen erlaubst, wichtig zu sein! Ignoriere sie einfach und sei erfolgreich!
- ❑ Man lebt nur dann wirklich, wenn man gegen den Strom schwimmt!
- ❑ Erkenne Killerphrasen als das, was sie sind, und stimme nicht mit ihnen überein.
- ❑ Nur wer sich verändert, kann sich verbessern! Ergo: Überwinden die der Gesellschaft innewohnende Abneigung gegen Veränderung und werde erfolgreich!
- ❑ Das, was der Mensch denkt, das bekommt er auch!
- ❑ Die Wahrheit ist die, dass man immer eine Wahl hat!
- ❑ Der Gewinner hat immer einen Plan, der Verlierer immer eine Ausrede.
- ❑ Der Gewinner findet für jedes Problem eine Lösung, der Verlierer in jeder Lösung ein Problem.
- ❑ Der Gewinner vergleicht seine Leistungen mit dem Ziel, der Verlierer mit denen anderer Leute (und rechtfertigt so seine Niederlagen).

Selbstprüfung

1. Welche Erkenntnisse habe ich aus dem letzten Kapitel gewonnen?

2. Welche Erkenntnisse lassen sich auf mein Leben übertragen?

3. Womit beginne ich sofort?

4. Schuld sind immer die anderen

Wenn wir von einer negativen Geisteshaltung reden und uns mit diesem Thema beschäftigen, kann darunter vieles verstanden werden. Auch sind damit verschiedene Mechanismen verknüpft. Neben den im letzten Kapitel angeführten, spielt vor allem der Faktor der *Schuldzuweisung* eine Rolle.

Natürlich, wenn die Sonne scheint, die Statistiken nach oben schießen, alle fröhlich und glücklich sind, dann wollen wir gerne für etwas „verantwortlich" sein. Etwa so wie Helmut Kohl, der für sich in Anspruch genommen hat, derjenige Kanzler zu sein, der Deutschland wieder vereint hat. Und mal ganz ehrlich – wir hätten sicherlich auch kein Problem damit, an solchen Ereignissen „schuld" zu sein.

Kritisch wird die Situation erst dann, wenn es mal nicht so klappt, wie man es gerne hätte. Dann wollen wir es nicht gewesen sein. Wir geben gerne vor, nichts mit der Angelegenheit zu tun zu haben.

Doch was tun, wenn derjenige gesucht wird, dem man die Verantwortung zuschieben will. Sich selbst ins Geschützfeuer stellen? „Oh nein", wirst Du jetzt sagen, „das könnte übel enden." Die ganze Angelegenheit zu ignorieren klappt auch nicht immer. Also bleibt nur noch ein „genialer" Schachzug, der die „ideale Lösung" darzustellen scheint: Man muss die Schuld einer anderen Person oder einem anderen Umstand zuweisen!

In solchen Dingen sind wir Menschen äußerst geschickt. Immer wenn wir uns nicht stark genug fühlen, mit einer Tatsache konfrontiert zu werden, weichen wir aus und wälzen die Schuld auf andere ab.

Konfliktthema Arbeitslosigkeit

Nehmen wir als Beispiel einen entfernten Bekannten von mir, der eines Tages arbeitslos wurde. Jahrelang befand sich sein Leben in schönster Ordnung. Dann fusionierte die Firma für die er arbeitete mit einer anderen, und aus Rationalisierungsgründen wurden von 12.000 Mitarbeitern 2.000 entlassen. Und er gehörte zu den Unglücklichen, die gehen mussten. Als ich ihn fragte, warum er arbeitslos geworden ist, sagte er mir: „Meine Firma hat mich entlassen. Schuld ist die Fusion!" Eine Aussage, bei der man geneigt ist, sie zu glauben. Dabei handelt es sich in Wirklichkeit um eine apathische Lebenseinstellung nach dem Motto: „Es ist geschehen, es war mein Schicksal, ich konnte nichts tun.“ Verdammt nochmal! Ist der Typ ein Mensch? Oder nur eine Marionette?

Betrachten wir das obige Beispiel einmal mit einer positiven Geisteshaltung. Dann würden wir nicht so sehr über die 2.000 Mitarbeiter reden, die entlassen wurden, sondern uns auf die 10.000 konzentrieren, die weiterhin Beschäftigung fanden. Wir könnten – und damit würden wir auch unserem Arbeitslosen helfen – herausfinden, was diese 10.000 von denjenigen unterschied, die entlassen wurden. Wahrscheinlich würde dies nicht darauf hinauslaufen, dass die Fusion schuld war, sondern auf die Tatsache, dass die weniger kompetenten oder zuverlässigen Mitarbeiter entlassen wurden! Und das lässt die Situation natürlich in einem ganz anderen Licht erscheinen!

Selbst der Arbeitslose würde von solch einer Sichtweise profitieren: Er könnte nämlich herausfinden, was er an sich oder seinem Verhalten verändern muss, um in Zukunft wieder Arbeit zu finden und zu behalten!

Bei einem meiner Seminare gab es einen Teilnehmer, der sagte: „Was Sie da erzählen hört sich ja alles toll an. Ich habe im letzten Jahr 60 Bewerbungen verschickt, von denen jede professionell aufbereitet war. Sieben davon kamen mit einer Absage zurück, die restlichen Unternehmen haben nicht einmal die Unterlagen zurückgeschickt. Und da wollen Sie mir erzählen, dass es einfach ist, einen Job zu finden?“ Seine Argumentation schien einigen anderen Teilnehmern schlüssig. Ich schaute ihn an und sagte: „Sie haben also 60 Bewerbungen verschickt. Ich gehe davon aus, dass Sie im Besitz eines PCs sind. Das heißt, dass Sie – sobald der Text erst einmal erstellt ist – vielleicht 20 Minuten benötigen, um eine Bewerbungsmappe fertigzustellen. Sie hätten also sicherlich Zeit gehabt, nicht 60 Bewerbungen pro Jahr, sondern 60 pro Monat zu erstellen und an potentielle Arbeitgeber zu versenden. Damit hätten Sie gleichsam die Chance auf Erfolg verzwölffacht!

Natürlich hätte das höhere Kosten verursacht. Um aber etwas zu erreichen, muss man erst einmal investieren! Damit ein Ofen Wärme abgibt, müssen Sie erst einmal Holz auflegen. Und wenn der Ofen zu wenig Wärme liefert, dann müssen Sie mehr Holz auflegen. Das ist das Naturgesetz des Gebens und

Nehmens. Sie können nicht erwarten, etwas zu erhalten, wenn Sie nicht erst etwas geben. Wenn die Flut Ihrer Bewerbungen zu keinem Resultat geführt hätte, wäre das immer noch kein Grund zum Aufgeben gewesen. Sie hätten zum Frisör gehen und Ihren besten Anzug aus dem Schrank holen können, um die Firmen unangemeldet zu besuchen und beim Personalchef vorzusprechen. Selbst wenn Sie überwiegend abgewiesen worden wären, hätte dies Ihre Chancen erhöht!

Und wenn Sie es beim ersten Durchgang nicht geschafft hätten, wären sie später ein zweites Mal vorstellig geworden. Sie hätten sogar anbieten können, Ihre Qualifikation unter Beweis zu stellen, indem Sie eine Woche unentgeltlich gearbeitet hätten. Und wenn Sie das angewendet hätten, wären Sie bei Ihrer Arbeitssuche sicherlich erfolgreich gewesen!"

Mit anderen Worten:

Jeder ist seines Glückes Schmied!

Von der Phantasie zu Disneyland

Als Walt Disney Anfang der Fünziger Jahre das Projekt *Disneyland* anging, stieß er auf ein entscheidendes Problem: Geld! Während die Amerikaner heute viele riesige Freizeitparks kennen, gab es damals nichts, was mit der Vision von Disney vergleichbar war. Kaum jemand konnte sich vorstellen, was er, der sich als Regisseur und Produzent von Zeichentrickfilmen einen Namen gemacht hatte, plante. Also zeigten sich die Kreditgeber äußerst zurückhaltend. Doch Disney gab nicht auf. Er besuchte über 300 Banken, eine nach der anderen, und schaffte es schließlich, die benötigte Summe aufzutreiben. Als Disneyland am 17. Juli 1955 seine Tore öffnete, war es eine Sensation![10] Hätte Disney den Banken, die ihm keine Kredite zur Verfügung stellen wollten, mit Vorwürfen bedacht und einfach aufgegeben, wäre das Projekt wie eine Seifenblase zerplatzt.

[10] Quelle: Daniel Gross, Die größten Erfolgsstories aller Zeiten, Landsberg/Lech, 1997, Seite 144ff

Wer ist schuld?

Beispiele der (falschen) Schuldzuweisung gibt es zur Genüge. Wenn jemand bei Glatteis mit dem Auto ins Schleudern gerät und einen Unfall verursacht, wird er wahrscheinlich dem Wetter die Schuld geben. Dabei stellt sich die Frage, warum Tausende anderer Autofahrer keinen Unfall hatten. War es Glück? Schicksal? Oder könnte es vielleicht doch der unbeherrschte Fahrstil des Autofahrers gewesen sein, durch den der Unfall verursacht wurde?

Ein interessantes Beispiel stellt die Ehe dar. Mann und Frau leben – oft fast ein Leben lang – zusammen, bilden eine harmonische Einheit. Eine idyllische Vorstellung. Was aber, wenn die Ehe schiefgeht? Wer war dann Schuld? Du wirst hier auf die unglaublichsten Verdrehungen von Ursache und Wirkung stoßen.

Bei mäßig erfolgreichen Verkäufern hört man oft das Argument: „Die Leute hier in der Gegend sind anders. Man kann hier deshalb keine so guten Verkaufsergebnisse erzielen ..." Interessanterweise scheinen, die Menschen überall „anders" zu sein. Dabei liegt die Schuld für die schlechten Ergebnisse eines Verkäufers niemals bei seinen Kunden, sondern hauptsächlich bei seinen eigenen Fähigkeiten. Er selbst ist der entscheidende Faktor für seine Verkaufsergebnisse.[11]

Die Zahl der Personen, denen man die Schuld für seinen eigenen Zustand zuschreiben kann, ist schier endlos. Eltern, Vorgesetzte, Lebenspartner und Politiker sind die üblichsten Kandidaten. Darüber hinaus kommt jeder in Frage, den man direkt oder indirekt kennt.

Ich habe am eigenen Leib erlebt, wie schnell man dazu tendiert, anderen die Schuld für eigene Fehler zu geben. Als ich mich vor einigen Jahren auf Anraten eines Steuerberaters auf umfangreiche Immobilieninvestitionen eingelassen hatte, lief nicht alles so, wie ich es mir vorgestellt hatte. Das war kein Wunder, denn ich hatte damals von der Materie keinen blassen Schim-

[11] Als Randbemerkung dazu, wie man diesen Faktor positiv nutzen kann: Mich hat mal ein Kunde gefragt, warum er gerade bei mir kaufen sollte. Ich habe ihm daraufhin geantwortet: „Das kann ich Ihnen sagen. Sie bekommen bei diesem Produkt etwas dazu, was Ihnen kein Wettbewerber bieten kann. Und zwar bekommen Sie mich. Und wenn Sie wissen wollen, ob ich besser bin als meine Mitbewerber, sollten Sie mich ausprobieren. Die Frage ist nur: 'Wann fangen Sie an, mich auszuprobieren? Am nächsten Ersten oder am übernächsten Ersten?'" Und schon hatte ich den Abschluss in der Tasche!

mer. Alles, was ich wusste war, dass ich mir ein paar Häuser kaufen musste, um Steuern zu sparen. Welche finanziellen und rechtlichen Verpflichtungen ich damit einging, war mir zunächst nicht klar. Aber anstatt im kleinen Rahmen einzusteigen und erst einmal Erfahrungen zu sammeln, kaufte ich auf einen Schlag vier Mehrfamilienhäuser. Als sich die Schwierigkeiten mit der Zeit häuften, war ich drauf und dran, der Hausverwaltung die Schuld in die Schuhe zu schieben. Nur: Wer hatte diese Hausverwaltung ausgesucht und mit ihr Verträge abgeschlossen? Das war ich! Niemand hatte mich dazu gezwungen. Also war ich verantwortlich, nicht wahr?

Bei einem späteren Immobilienprojekt, einem Neubau, entstand ein Liquiditätsengpass, weil mein Partner seinen Teil der vereinbarten Investitionssumme nicht aufbringen konnte. Mit anderen Worten: Ich musste für ihn einspringen und mir den Kopf darüber zerbrechen, woher ich das Geld nehmen konnte, das eigentlich von ihm kommen sollte. War es hier nicht so, dass er für diese Situation verantwortlich war? Von seinem Gesichtspunkt aus sicherlich. Aber das hätte die Situation nicht gelöst. Statt also ihm die Schuld zuzuweisen, wurde ich geschäftig und besorgte mir die fehlende Summe. Immerhin war ich es, der mit ihm einen Vertrag eingegangen war, und daher musste ich auch die Verantwortung übernehmen!

Bodo Schäfer weist in seinem Buch *Der Weg zur finanziellen Freiheit* darauf hin, dass man denjenigen, dem man die Schuld für sein eigenes Versagen in die Schuhe schiebt, gleichsam zur Ursache über sich selbst macht. Das Prinzip dahinter ist einfach. Damit jemand es schafft, Dich daran zu hindern, erfolgreich zu sein, muss er stärker sein als Du selbst. Ergo bist Du schwächer! Und wenn Du kontinuierlich damit weitermachst, anderen die Schuld für Deinen ausbleibenden Erfolg zuzuweisen, wirst Du mit der Zeit immer schwächer. Das bedeutet nun nicht, dass sich Dein Potential verringern würde. Es ist nur Deine Einstellung, die sich ändert. Aber schon das allein reicht aus, um Dich verlieren zu lassen!

Das Pareto-Prinzip

Der italienische Ökomon Vilfredo Pareto fand im letzten Jahrhundert durch statistische Untersuchungen heraus, dass 20 Prozent der Bevölkerung rund 80 Prozent des Volksvermögens besaßen. Folglich besaßen die restlichen 80 Prozent der Einwohner von Italien nur den Rest, nämlich 20 Prozent. Dieses

Prinzip lässt sich – wie durch weitere Untersuchungen festgestellt wurde – auf viele andere Lebensbereiche ausweiten. Beispielsweise schreiben bei Versicherungsgesellschaften gewöhnlich rund 20 Prozent der Außendienstmitarbeiter 80 Prozent des Umsatzes. Und von diesen 20 Prozent sind wiederum 80 Prozent gehobener Durchschnitt, während 20 Prozent von ihnen – also 4 Prozent der gesamten Vertriebsmitarbeiter – zu den absoluten Top-Verkäufern der Republik zählen.

Interessant ist die Tatsache, dass dies bei ein und derselben Versicherungsgesellschaft der Fall ist, mit denselben Produkten, der gleichen Ausbildung und einem vergleichbaren Kundenstamm! Wenn all diese Dinge gleich sind, kann man diesen schlecht die Schuld geben, wenn man nicht zur Liga der Top-Verkäufer zählt. Wo aber muss man danach suchen? Ganz einfach: Bei sich selbst!

Die Wahrheit über Verantwortung
Die Wahrheit ist:

Wir sind selbst für all das, was uns geschieht, verantwortlich!

Dabei ist es egal, ob es gut oder schlecht ist: Wir haben letztlich dafür gesorgt, dass es geschieht. Sei es, dass wir es aktiv hervorgerufen haben oder uns – passiv betrachtet – nicht darum gekümmert haben, es zu verhindern. Es gibt keine Probleme, die plötzlich aus dem Nichts auftauchen. Keine Menschen, die ohne ihr Zutun erfolgreich werden.

Der Mensch ist nicht ein Produkt der Umstände,
sondern die Umstände sind ein Produkt des Menschen!

Während dieser Gesichtspunkt für einige, die an die Gunst der Stunde und das Schicksal glauben, unangenehm sein mag, ist er für uns von Vorteil. Wir erkennen dadurch nämlich, dass wir unser Leben selbst in die Hand nehmen und zum Besseren ändern können.

Ursache statt Schuld
Im Grunde ist die ganze Idee, jemanden schuldig zu sprechen, dazu angetan, negatives Denken zu fördern. Wenn wir unseren Eltern die Schuld für unser

Leben zuschreiben, dann könnten diese genauso verfahren und ihre Eltern für ihr Schicksal verantwortlich machen und so weiter, bis wir bei Adam und Eva landen. Und dass die beiden schuldig waren, steht schon in der Bibel.

Ganz ehrlich: Dieser Weg ist unserem Ziel *nicht* förderlich! Wir können nicht erwarten, dadurch erfolgreich zu werden, dass wir andere für unser Leben verantwortlich machen. Genausowenig, wie wir sie unser Leben leben lassen würden!

Lassen wir also die Schuldfrage beiseite und konzentrieren wir uns lieber auf die Ursache! Wer oder was war die Ursache für das, was geschehen ist? Wenn wir nach der Ursache oder dem Ursprung fragen, sind wir in der Lage, einen positiven Gesichtspunkt aufrechtzuerhalten. Wir können Erfolge wie auch Fehlschläge analysieren und herausfinden, was zum einen und was zum anderen geführt hat. Und das ist als absolut positiv einzustufen!

Die eigene Ursache

Wenn wir es als gegeben annehmen, dass wir über ein unglaubliches geistiges Potential verfügen und dieses auch entfalten können, wäre dann nicht auch der Gedanke naheliegend, dass wir diejenige Person sind, die unser Leben maßgeblich beeinflusst? Eben! Und genau so ist es auch!

Wie weit das führt, und in welche Höhen Du Dich selbst emporschwingen kannst, wollen wir im nächsten Kapitel durchleuchten.

Leitsätze:

- ❑ Immer, wenn wir uns nicht stark genug fühlen, mit einer Sache konfrontiert zu werden, weichen wir aus und schieben die Schuld auf andere ab. Dadurch reduzieren wir unsere Stärke.
- ❑ Um etwas zu erreichen, muss man erst einmal investieren.
- ❑ Befolge das Naturgesetz des Gebens und Nehmens: Du kannst nicht erwarten etwas zu erhalten, wenn Du nicht erst etwas gibst.
- ❑ Wenn Du kontinuierlich damit weitermachst, anderen die Schuld für Deine mangelnden Ergebnisse zuzuweisen, wirst Du mit der Zeit immer schwächer. Nimm also das Ruder selbst in die Hand und vergrößere Deine Stärke!
- ❑ Die Wahrheit ist: Wir sind selbst für all das, was uns geschieht, verantwortlich!
- ❑ Der Mensch ist nicht ein Produkt der Umstände, sondern die Umstände sind ein Produkt des Menschen!

Selbstprüfung

1. Welche Erkenntnisse habe ich aus dem letzten Kapitel gewonnen?

2. Welche Erkenntnisse lassen sich auf mein Leben übertragen?

3. Womit beginne ich sofort?

5. Die Macht der positiven Geisteshaltung

Wenn wir von positiver Geisteshaltung reden, beschäftigen wir uns mit einem äußerst machtgeladenen Thema. Nicht umsonst stellt dieser Faktor den ersten Schritt in Richtung bahnbrechenden Erfolgs dar. Um dies zu untermauern, möchte ich Dir einige Beispiele aufzeigen, die diese Macht deutlich aufzeigen.

Mein Weg zur Bühne

Im Jahr 1995 lernte ich in meinem Hotel die bekannte Schauspielerin Inge Meysel kennen, die für einige Wochen an der lokalen Bühne gespielt hat. Wir trafen uns von Zeit zu Zeit beim Frühstück und nutzten die Gelegenheit, uns zu unterhalten. Irgendwann erzählte ich ihr davon, dass ich schon als Kind daran gedacht hatte, Schauspieler zu werden. Sie sagte daraufhin: „Warum nicht?" Ich war etwas überrascht und konterte sofort: „Ich? Ich bin doch schon 44!" Ich kultivierte also eine Geisteshaltung, die man nicht gerade als positiv einstufen konnte. Doch so leicht gab sie nicht auf und wies darauf hin, dass sie schon 85 sei, was für mich ein nicht widerlegbares Argument darstellte. Sie forderte mich auf, Photos anfertigen zu lassen und ihr diese zuzusenden. Gesagt, getan! Kurz darauf erhielt ich von einer Konzertagentur ein Angebot in einem Theaterstück mitzuspielen. Ich änderte meine Einstellung zu diesem Thema und arbeitete drei Monate lang nebenbei als Theaterschauspieler!

In diesem Fall konnte ich in erster Linie von der positiven Geisteshaltung eines anderen Menschen profitieren. Abgesehen davon, dass dieses Beispiel aufzeigt, wie nötig eine positive Geisteshaltung für Erfolg ist, weist es uns auch darauf hin, mit welcher Art von Mensch wir uns umgeben müssen, um erfolgreich zu sein:

Wir müssen uns mit Menschen umgeben, die den Erfolg
durch ihre positive Geisteshaltung auf geradezu magische Weise anziehen!

Die Geschichte von Ray Kroc

Es begab sich im Jahre 1954, dass ein Handelsvertreter für Milchmischmaschinen namens Ray Kroc durch die USA zog, um seine Produkte an den Mann zu bringen. Er war bereits 52 Jahre alt und in seinem Beruf niemals besonders erfolgreich gewesen. Als ein Kunde aus San Bernardino bei ihm acht Multimixmaschinen bestellte, war er zunächst überrascht – üblich waren ein oder zwei dieser Geräte. Aus der Überraschung wurde Neugier. Immerhin war eine solche Bestellung nicht alltäglich. So besuchte er den Kunden, und als er dessen strahlend sauberes Restaurant – wo alles schnurrte wie ein geölter Motor – betrat und sah, wie geschickt es organisiert war, durchfuhr es ihn wie ein Blitz. „Das ist die Idee, auf die ich immer gewartet habe!" sagte er zu sich selbst und war plötzlich Feuer und Flamme.

Er wollte die Eigentümer – die Gebrüder Maurice und Richard McDonald – überzeugen, nach dem Schema ihres Restaurants eine Franchise-Kette ins Leben zu rufen. Diese überlegten sich den Vorschlag, lehnten dann aber dankend ab. Schließlich konnte Ray Kroc ihnen die Idee abkaufen. In einem Vertrag vereinbarte er, dass sie einen kleinen Anteil der Franchise-Gebühren erhalten sollten und er dafür das volle Nutzungsrecht an der Idee erhielt. Mit der Idee, eine Restaurantkette mit gleichbleibender Qualität und niedrigen Franchise-Gebühren zu schaffen, baute er das heute weithin bekannte McDonald's auf. Ein weltweites Unternehmen, das in Deutschland das umsatzstärkste seiner Art ist.[12]

Interessant ist dabei, wie sehr Ray Kroc durch seine ursprüngliche Idee motiviert war. Er schaffte es, seine positive Geisteshaltung über all die Jahre, die er das Unternehmen leitete, aufrechtzuerhalten. Dabei waren die Hindernisse, die er zu überwinden hatte, enorm. Selbst us-amerikanische Spitzenpolitiker zogen gegen ihn zu Felde und prangerten ihn an. Die Qualität seiner Produkte wurde auf infamste Weise in Frage gestellt. Doch er war motiviert genug, all das durchzustehen. Das Ergebnis war – und ist – phänomenal!

Zwei Arten von Menschen

Im Laufe meiner langjährigen Tätigkeit im Vertrieb habe ich unzählige Menschen kennengelernt. Diese lassen sich in zwei Kategorien einordnen, in Bewerter und Verwerter, in den „Ja, aber ..."- und den „Warum nicht?"-Typen.[13] Der Bewerter hört eine Information oder einen Vorschlag und sagt dann: „Ja, das ist eine gute Idee, aber ..." Mit anderen Worten: Er bewertet

[12] Quelle: Daniel Gross, Die größten Erfolgsstories aller Zeiten, Landsberg/Lech, 1997, Seite 171ff

[13] Quelle: Jürgen Höller, Sprenge Deine Grenzen, Düsseldorf/München, 1999^5, Seite 25

die Information, fängt an zu zweifeln und wagt es daher nicht, etwas zu tun. Er ist ein Pessimist. Tatsächlich hat er schon vor jeglicher Aktion die Begründung dafür, dass es nicht funktioniert. Es ist daher kein Wunder, dass er nichts zuwege bringt. Zu dieser Kategorie zählen die bereits erwähnten 95 Prozent aller Menschen. Das sind gleichsam auch diejenigen, die davon überzeugt sind, dass positives Denken nicht der richtige Weg sein kann, und die davon ausgehen, dass zu viel Optimismus gefährlich ist. Doch seien wir mal ganz ehrlich: Welche Alternative existiert zu positivem Denken? Nur eine, nämlich negatives Denken. Und kannst Du mir einen Menschen nennen, der mit negativem Denken, also Pessimismus – erfolgreich geworden ist? Ich halte es hier mit Theodor Heuss, der einmal sagte:

„Der einzige Mist, auf dem nichts wächst, ist der Pessi-Mist."

Der Verwerter geht anders vor. Er ist ein Optimist und grundsätzlich davon überzeugt, dass alles möglich ist. Wenn er von einer neuen Geschäftsidee hört, überlegt er sich, wie er sie umsetzen kann. Das Resultat: Aktion! Produktion! Erfolg!

Der Verwerter erzielt Resultate, indem er Dinge in
Bewegung bringt und Produkte ins Leben ruft.
Er handelt und ist erfolgreich!

Wandel in der Versicherungsbranche

Als Ende 1999 die gesetzliche Steuerbefreiung der Kapital-Lebensversicherung aufgehoben werden sollte, erzählten mir fast alle Versicherungsvertreter, mit denen ich zu der Zeit sprach, was für eine Katastrophe das für sie bedeuten würde. „Keiner wird mehr eine Lebensversicherung kaufen wollen!" sagten sie mir. Während 95 Prozent der Vertreter diese Einstellung an den Tag legten, erkannten die verbleibenden 5 Prozent ihre Chance darin, dass diese 95 Prozent ihnen den Markt kampflos überlassen würden. Und da mit der Gesetzesänderung das Thema Altersversorgung nicht vom Tisch gefegt werden würde, planten die Verwerter schon, wie sie von der bevorstehenden Änderung profitieren konnten, während die Bewerter zitternd um ihre Zukunft bangten.

Schuhverkäufer in Afrika

Kennst Du die Geschichte der beiden Schuhverkäufer, die unabhängig voneinander nach Afrika geschickt wurden, um für ihre Unternehmen eine Beurteilung der Absatzchancen abzugeben? Der erste Verkäufer hatte seine Analyse bereits nach einigen Stunden abgeschlossen und schrieb in seinem Bericht: „Eine aussichtslose Situation. Fast niemand trägt hier Schuhe. Schon seit Generationen laufen hier alle barfuß herum. Ich sehe hier keine Chance Schuhe zu verkaufen!“ Am Tag darauf verließ er den Kontinent und überließ dem anderen Verkäufer das Feld. Dieser brauchte auch nicht lange, um sich eine Meinung zu bilden und schrieb: „Bin gut angekommen. Hervorragendes Wetter. Fast niemand kennt hier Schuhe. Alle laufen barfuß durch die Gegend. Daher ein enorm großes Absatzpotential. Ein Riesenmarkt wartet auf uns. Anbei sende ich eine umfassende Bestelliste. Erwarte die Lieferung so bald wie möglich, damit ich mit dem Verkauf beginnen kann!“ Wer, glaubst Du, wird letztendlich erfolgreich sein? Der Bewerter oder der Verwerter?[14]

Dabei wird man nicht von Natur aus zum Bewerter oder Verwerter geboren. Wie wir bereits behandelt haben, sind die meisten Menschen dazu erzogen worden. Das ist ein glücklicher Umstand, denn er sagt uns folgendes:

Jeder Mensch kann sich ändern. Jeder kann sich verbessern!

Wenn Du also zur Zeit noch etwas pessimistisch dreinschaust und Dir nicht sicher bist, was Dir die Zukunft bringen wird, kannst Du diese Einstellung gleich jetzt ändern. Stell Dir vor, welche schönen Dinge Du erreichen wirst. Nimm Dir jeden Tag einige Minuten Zeit, um an die positiven Aspekte Deiner Zukunft zu denken. Lasse Deiner Phantasie freien Lauf. Und schon hast Du begonnen, das Blatt zu wenden!

[14] Quelle: Jürgen Höller, Sprenge Deine Grenzen, Düsseldorf/München, 1999[5], Seite 38

Leitsätze:

- ❑ Umgebe Dich mit positiv denkenden Menschen und profitiere von deren Lebensenergie und Initiative!
- ❑ Menschen lassen sich in zwei Kategorien einteilen, in Bewerter („Ja, aber ...“) und Verwerter („Warum nicht?“). Der Bewerter erhält Informationen, bewertet sie, fängt an zu zweifeln und wagt es daher nicht, etwas zu tun. Der Verwerter ist grundsätzlich davon überzeugt, dass alles möglich ist.
  Das Resultat davon ist: Aktion! Produktion! Erfolg!
- ❑ Der Verwerter erzielt Resultate, indem er Dinge in Bewegung bringt und Produkte ins Leben ruft. Er handelt und ist erfolgreich!
- ❑ Niemand wird zum Bewerter oder Verwerter geboren.
  Somit kann man sich entscheiden, ein Verwerter zu sein!
- ❑ Nimm Dir jeden Tag ein wenig Zeit, um an die positiven Aspekte Deiner Zukunft zu denken.
- ❑ Eine positive Geisteshaltung stellt den ersten Schritt auf dem Weg zu bahnbrechendem Erfolg dar!
- ❑ Auch wenn Du jetzt noch nicht bezüglich all Deiner Lebensbereiche ein positive Geisteshaltung kultivierst –
  Du kannst sie Dir aneignen!
- ❑ Jeder Mensch kann sich ändern. Jeder kann sich verbessern!

Selbstprüfung

1. Welche Erkenntnisse habe ich aus dem letzten Kapitel gewonnen?

2. Welche Erkenntnisse lassen sich auf mein Leben übertragen?

3. Womit beginne ich sofort?

6. Gefangen in der Illusion

Eine der Hauptschwierigkeiten im Zusammenhang mit der positiven Geisteshaltung ist die Tatsache, dass Menschen oft in einer Illusion gefangen sind. Sie glauben, dass sie eine positive Geisteshaltung hätten, kultivieren aber in der Tat eine absolut negative Lebenseinstellung. Wären sie nämlich wirklich positiv eingestimmt, würden sie größere Erfolge zeitigen!

Über Schein und Sein

Es gibt Menschen, die „gut drauf" sind, sich oft freuen und über deftige Witze herzhaft lachen können. Das bedeutet aber noch lange nicht, dass sie über eine positive Geisteshaltung verfügen würden.

Ich hatte mal einen Bekannten, dem es genauso erging: Er war immer „gut drauf". Jedes Mal wenn ich ihn traf, strahlte er mich an, erzählte mir von seiner Power und schwelgte ich neuen Träumen. Er sagte immer: „Es geht mir prima. Bald geht es los. Ich spüre die Power!" Und es hörte nicht auf! Immer wenn ich ihn traf, erzählte er von neuen Plänen und unterließ es nicht, darauf hinzuweisen, wie gut es ihm ging. Eines Tages sagte er mir: „Jetzt ist es fast so weit. Nicht mehr lange, und dann kommt eine Menge Geld auf mich zu!" Er ist dann zwei Wochen später von einem Geldtransporter überfahren worden!

Du wirst mir sicherlich zustimmen, dass seine Einstellung so positiv gar nicht gewesen sein kann. Es war mehr Schein als Sein.

Die wahrhaft positive Geisteshaltung

Was aber macht denn nun eine wahrhaft positive Geisteshaltung aus? Was sind ihre besonderen Merkmale?

Bei einer positiven Geisteshaltung sucht man sich aus jeder Situation die positiven Faktoren heraus! Es kann passieren, was will, man richtet seine Aufmerksamkeit weiterhin auf die positiven Aspekte der Situation!

Das bedeutet nicht, dass man mit einer abgehobenen, weltfremden Einstellung durchs Leben ziehen oder die Augen vor schlimmen Geschehnissen verschließen soll. Ganz im Gegenteil! Die Tatsachen sind die Tatsachen! Man ist sich der Welt um sich herum bewusst! Gleichsam richtet man seine Konzentration – trotz all der Gründe, es nicht zu tun – auf die positiven Ereignisse!

Angenommen jemand hat einen Unfall. Er könnte nun auf die Straßenplaner schimpfen, sich um seine Versicherungsbeiträge Sorgen machen oder überlegen, wie er ein paar Tage länger krank sein kann, um mehr Geld von der Krankenkasse einzustreichen. Das wäre die negative und gleichsam wenig produktive Herangehensweise. Eine positive Geisteshaltung würde darin bestehen, Maßnahmen zu ergreifen, um solch eine Situation in Zukunft zu vermeiden! Wenn er durch den Unfall bleibende Schäden erlitten hat, würde der nur scheinbar positiv eingestellte Mensch sicherlich zu sich selbst sagen: „Ich armer Tropf, jetzt bin ich nur noch ein behinderter Mensch!" Mit einer wahrhaft positiven Geisteshaltung wäre eher eine Aussage wie „Da habe ich aber noch Glück gehabt!" zu erwarten.

Versuchen statt handeln

Es existiert noch ein ganz besonderer Typus des scheinbar positiv eingestellten Menschen: Derjenige, der es immer „versucht". Er will anderen und sich selbst weismachen, dass er positiv eingestellt ist, indem er es immer wieder „versucht". Dabei gibt es nichts Schwierigeres, als etwas zu versuchen. Das ist ungeheuer schwer. Eine Sache einfach anzugehen, und sie zu tun – das zeugt von einer positiven Geisteshaltung, das ist relativ leicht. Aber es nur zu versuchen – das ist verdammt schwierig! Und fast nie erfolgreich! Ich demonstriere das oft bei meinen Seminaren, indem ich die Teilnehmer bitte, zu versuchen, sich hinzusetzen, es aber nicht ganz zu tun, sondern in einer Position kurz vor dem Sitzen zu verharren. Versuchen Sie das mal – das ist unheimlich schwierig. Schwieriger als sich einfach zu setzen.

Insbesondere in extremen oder unangenehmen Situationen erkennt man, ob jemand über eine wirklich positive Geisteshaltung verfügt oder nur so tut als ob. Wenn es hart auf hart kommt, bröckelt die strahlende Maske und offenbart den Blick auf das wahre Gesicht. Und spätestens dann kann man Schein von Sein unterscheiden.

Der echte Superman

In diesem Zusammenhang sollte man sich das Schicksal von Christopher Reeve, dem Darsteller vieler Superman-Filme, vor Augen halten. Nach einem Reitunfall war er vom zweiten Halswirbel an abwärts gelähmt. Er konnte nicht einmal selbst essen, geschweige denn selbständig leben. Innerhalb weniger Augenblicke war er der strahlenden Höhe des Ruhms entrissen und zu einer menschenunwürdigen Existenz verdammt worden. Doch er hat nicht aufgegeben, an sich selbst zu glauben. Und tatsächlich hat er aus seiner Situation das Beste gemacht. Seine positive Geisteshaltung hat vielen Menschen, die gezwungen sind, unter ähnlichen Umständen zu leben, neuen Mut gegeben. Er ist inzwischen wieder voll aktiv, und obwohl er noch immer an den Rollstuhl gefesselt ist, hält er heute Vorträge für 100.000 Dollar Tagesgage und hat schon wieder damit begonnen, Filme zu drehen! Phantastisch, nicht wahr?[15]

Zukunftsorientiertes Denken

Meine Absicht ist es nun nicht, Dir eine scheinbar positive Geisteshaltung anzugewöhnen, die in der Praxis jämmerlich versagt. Absolut nicht! Ich möchte bei Dir einen Geisteszustand herbeiführen, der andauert, stabil ist und Dir hilft, im Leben erfolgreich zu sein.

Es geht unter anderem darum, den Blick in die Zukunft zu richten und sich nicht von der Vergangenheit überwältigen zu lassen. Etwa so, wie es Kinder oft praktizieren. Sie haben noch nicht viel Schlimmes erlebt, können das Leben in vollen Zügen genießen, das Beste aus jedem Augenblick aufsaugen und sich auf die Zukunft freuen. Mit der Zeit geht diese Fähigkeit – aus den bereits erwähnten Gründen – scheinbar zurück.

Psychologische Kriegsführung

Eine der besten Kriegstechniken, um einen Feind zu besiegen, besteht darin, ihn glauben zu lassen, dass er verloren hat. Man nimmt ihm seinen Kampfgeist, schüchtert ihn mit Trommelgewirbel, Dudelsackpfeifen oder Demonstration von Macht so sehr ein, dass er den Glaube an den Sieg verliert. Während es im Krieg für Außenstehende offensichtlich ist, wie diese Techniken mit welchem Zweck eingesetzt werden, sind wir oft so sehr in

[15] Quelle: Jürgen Höller, Sprenge Deine Grenzen, Düsseldorf/München, 1999[5], Seite 65f

unser tägliches Leben verstrickt, dass wir den Überblick verlieren und nicht einmal mehr wissen, wer unser Gegner ist. Ohne es zu merken, verlieren wir unseren Kampfgeist und geben irgendwann auf.

Der geniale Schachzug besteht nun darin, nicht damit übereinzustimmen, dass wir es nicht schaffen können, nicht mit all den negativen und demotivierenden Einflüssen in Übereinstimmung zu gehen.

Zu glauben, dass man verloren hat, ist der erste Schritt zur Niederlage.

Positiv betrachtet:

Der Glaube an den Sieg ist der Anfang des Erfolgs!

Das ist die Wahrheit, die hinter der positiven Geisteshaltung steckt. Es handelt sich hier um eine bodenständige Angelegenheit. Entweder man hat diese Einstellung oder nicht. Wenn man sie nicht hat, nützt es nichts, so zu tun, als ob man sie hätte. Damit kann man vielleicht einige Leute hinters Licht führen, niemals aber sich selbst.

Entschließe Dich also gleich jetzt, eine positive Geisteshaltung zu haben! Stimme nicht länger damit überein, dass Du schlecht drauf bist, kein Geld besitzt oder im Leben nur Pech hast. Überlege, welche positiven Dinge Dir in der letzten Woche passiert sind und welche Du in der nächsten Woche verursachen wirst. Kultiviere eine positive Geisteshaltung! Dann hast Du den Grundstein für Deinen zukünftigen Erfolg gelegt!

Um diese Fähigkeit auszufeilen und zu vervollkommnen, musst Du noch mehr wissen. Wichtig ist dabei vor allem der richtige Umgang mit Problemen!

Leitsätze:

- ❑ Bei einer positiven Geisteshaltung sucht man sich aus jeder Situation die positiven Faktoren heraus! Es kann passieren, was will, man richtet seine Aufmerksamkeit weiterhin auf die positiven Aspekte der Situation!
- ❑ Lasse Dich nicht von der Vergangenheit überwältigen, sondern richte Deinen Blick in die Zukunft!
- ❑ Versuche es nicht, tue es!
- ❑ Zu glauben, dass man verloren hat, ist der erste Schritt zur Niederlage.
- ❑ Der Glaube an den Sieg ist der Anfang des Erfolgs!

Selbstprüfung

1. Welche Erkenntnisse habe ich aus dem letzten Kapitel gewonnen?

2. Welche Erkenntnisse lassen sich auf mein Leben übertragen?

3. Womit beginne ich sofort?

7. Probleme und wie man richtig mit ihnen umgeht

Kommen wir nun auf ein Gebiet zu sprechen, mit dem sich die meisten von uns tagtäglich „herumschlagen“: Probleme! Dieses Thema mag nicht besonders angenehm klingen, und ich kenne eine Menge Menschen, denen Probleme zuwider sind. Das ist verständlich, wenn man nicht mit ihnen umzugehen weiß. Aber sich deshalb zu wünschen, keine Probleme mehr zu haben, ist der falsche Weg.

Es gibt nur einen Ort mit zehntausend Menschen, die keine Probleme mehr haben. Das ist der Friedhof!
Mache Dir also keine Sorgen, weil Du Probleme hast – denn das zeigt nur, dass Du lebst!

Wenn man tot ist – wobei wir hier das Thema Leben nach dem Tod einmal außen vor lassen wollen – hat man keine Probleme mehr. Gleichsam fühlt, schmeckt, riecht und empfindet man aber auch nichts mehr. Glaubst Du, dass das ein erstrebenswerter Zustand ist? Ich nicht!

In der Rangfolge kommt nach dem Zustand, *kein* Problem zu haben die Situation, in der man *ein* Problem hat. Dies ist schon ein wenig besser. Etwa wie bei dem Mann, der keinen Job hat. Das ist sein zentrales Problem. Und Du kannst mir glauben, dass er sehr unglücklich ist. Jemand hingegen, der einen Beruf hat und ausübt, hat gewöhnlich sehr viele Probleme. Aber er zieht viel mehr Befriedigung aus der von ihm geleisteten Arbeit und der Beseitigung der damit verbundenen Probleme! Eine anderes Beispiel für ein Problem ist jemand, der Single ist, aber gerne einen Lebenspartner hätte. Solch ein Mensch hat in diesem Bereich ein Problem. Mit einem Partner wären es eine Menge Probleme, wie Dir jeder bestätigen wird, der schon mehrere Jahre verheiratet ist.

Es scheint so, als ob Menschen umso unglücklicher sind, je weniger Probleme sie haben. In diesem Licht erscheint es paradox, dass sie immer wieder versuchen, Problemen auszuweichen!

Gehe positiv an Probleme heran!
Das Wort Problem bedeutet laut Duden: *Schwierige (ungelöste) Aufgabe, schwer zu beantwortende Frage, komplizierte Fragestellung, Schwierigkeit.* Ich persönlich würde es eher als eine *Herausforderung* bezeichnen, *die es zu bewältigen gilt.*

Das Wort Problem stammt übrigens vom griechischen Begriff *próblema* ab, der soviel wie *die gestellte (wissenschaftliche) Aufgabe* bedeutet. Und ein Problem als Aufgabe zu sehen, ist weitaus konstruktiver als es mit Mühsal, Unbehagen und Zwang zu assoziieren.

Davon abgesehen heißt es ja auch *Pro*blem. Und *Pro* bedeutet *für*. Also ist ein Problem nicht negativ, da es *für* einen ist. Wäre es negativ, müsste es *Anti*blem oder *Kontra*blem heißen! Soviel zur rhetorischen Untermauerung der Aussage, dass ein Problem positiv ist.

Über den falschen Umgang mit Problemen
Wenn ein Problem grundsätzlich positiv ist, warum haben die Menschen dann so viele „Probleme" damit? Weil sie es nicht *sofort* lösen!

Ein Problem beginnt in der Regel als ein kleiner Schneeball, der den verschneiten Berg herunterrollt. Zunächst ist er handlich und könnte leicht gestoppt werden. Doch es erscheint einem unangenehm das zu tun, und man lässt den Ball ungestört weiterrollen. Mit der Zeit wird er größer und kommt schließlich wieder auf einen zu. Man könnte ihn immer noch aufhalten, weicht aber wiederum lieber aus. Beim nächsten Mal – der Ball hat inzwischen ein beträchtliches Ausmaß angenommen – kann man ihm nur noch mit Mühe ausweichen. Und wie das mit Problemen – und in unserem bildlichen Vergleich mit Schneebällen – so ist: wenn sie nicht aufgehalten werden, kommen sie immer wieder zurück! Und irgendwann einmal sind sie so groß, dass sie einen einfach überrollen und man keine Chance mehr hat, sie aufzuhalten!

Der grundlegende Fehler bei der Handhabung von Problemen besteht darin, ihnen auszuweichen! Dadurch wachsen sie, bis sie schließlich ein bedrohliches Ausmaß erreichen.

Dieses Prinzip findet in vielen Lebensbereichen Anwendung.

Ich selbst habe an eigenem Leib zu spüren gekommen, wie fatal es ist, Problemen auszuweichen. Als ich am 1. Februar 1989 meinen ersten eigenen Finanzdienstleistungsvertrieb gründete, sah das Leben nach einigen davorliegenden Schwierigkeiten wieder rosig aus. Ich etablierte einen Strukturvertrieb mit eigenem Karriereplan, den ich schon Jahre zuvor bei meinem früheren Arbeitgeber erfolgreich praktiziert hatte. Bedingt durch die deutsche Wiedervereinigung und den Fall der Mauer, schossen die Statistiken in kürzester Zeit nach oben. Wir erzielten hervorragende Umsätze, und ich selbst verdiente eine Menge Geld. Sogar die Stornowelle, die andere Unternehmen später traf, blieb uns weitgehend erspart. Stattdessen surfte ich auf einer Welle des Erfolgs.

Kurz darauf lernte ich einen in Holland lebenden Deutschen kennen, der mich darauf hinwies, dass es in der niederländischen Finanzdienstleistungsbranche keine Strukturvertriebe gab. Ein neuer Markt, der darauf wartete, erobert zu werden. Gesagt, getan! Am 1. Februar 1992 gründete ich mit Teilhabern eine niederländische Vertriebsorganisation, der ich als Direktor vorstand. Wir gingen nach dem mir vertrauten Schema vor und verfügten zwei Jahre später über rund 2.000 Mitarbeiter. Ein außergewöhnlicher Erfolg! Anfang 1994 wurde in der Schweiz eine weitere Tochterfirma ins Leben gerufen, die WNB Finanzanlagen AG, meine dritte Vertriebsorganisation. Die Expansion ging zunächst planmäßig vonstatten. Wir rekrutierten ständig neue Mitarbeiter und verkauften auf Teufel komm raus! Um in allen drei Ländern präsent sein zu können, erwarb ich eine Privatpilotenlizenz und schaffte mir ein eigenes Flugzeug an, mit dem ich zwischen Deutschland, den Niederlanden und der Schweiz hin und her pendelte. Zusätzlich lernte ich noch Holländisch, um die Seminare dort in der Landessprache halten zu können. Alles in allem war es eine sehr bewegte Zeit. Über zu wenig Probleme konnte ich mich nicht beklagen. Und den meisten stellte ich mich mit Elan.

Dabei kamen nach und nach Probleme auf den Plan, denen ich auswich. Ich wollte keine Verantwortung abgeben und musste daher alles selber machen. Hätte ich mir die Folgen davon vor Augen geführt, wäre mir klar geworden, dass diese Vorgehensweise bei zunehmender Expansion unmöglich fortzuführen war.

Weiterhin stellte ich mich den auftretenden familiären Problemen nicht, was schließlich dazu führte, dass meine damalige Ehe in die Brüche ging. Anschließend fiel ich in ein tiefes emotionales Loch. Ich stellte mir die Frage nach dem Sinn des Lebens. War ausgepowert. Die Konzentration auf drei Märkte – ohne Schlüsselfunktionen zu delegieren – war einfach zu viel gewesen. Hinzu kam, dass wir noch andere Firmen – wie eine Marketingagentur, ein Seminarhotel und ein Reisebüro eröffnet hatten, bei denen ich selbst die Leitung an mich nahm.

Hätte ich meine damaligen kaufmännischen und organisatorischen Fehlentscheidungen früh genug erkannt und korrigiert und wäre die Probleme angegangen, wären mir eine Menge finanzieller Verluste erspart geblieben. Erst Anfang 1999 habe ich mich wieder aufgerafft, meine erfolgreichen Tätigkeiten der Vergangenheit analysiert und mich erneut auf meine Stärken besonnen und das getan, was ich am besten kann: Arbeit im Strukturvertrieb.

Es gibt viele andere Bereiche, in denen man Problemen gern aus dem Weg geht. Betrachten wir als Beispiel nur das Thema Sodbrennen. Millionen von Bundesbürgern haben sich an die damit verbundenen Symptome nach dem Essen gewöhnt. Statt aber nach den Ursachen zu forschen und für eine tatsächliche Abhilfe zu sorgen, weicht man dem Problem aus und nimmt ein wenig Natron ein, um die Magensäure zu kompensieren. Mit der Zeit gewöhnt man sich daran, nach dem Mittagessen ein Tütchen Maloxan zu schlucken, um das Sodbrennen völlig zu unterdrücken. Man versucht also, die Auswirkungen oberflächlich zu bekämpfen, statt der Angelegenheit auf den Grund zu gehen. Dies führt mit der Zeit oft zu einer Magenschleimhautentzündung, die sich zu einer chronischen Gastritis, Magengeschwüren oder schlimmer entwickeln kann. Das ist der Standard-Verlauf dieser „Krankheit“. Alles beginnt mit einem leichten Sodbrennen, das nicht richtig behandelt wird und am Ende wird aus diesem kleinen Problem ein Riesenproblem!

Bereinige die Ursache Deiner Probleme!
In der Medizin ist es üblich, Symptome zu bekämpfen, statt den Ursachen auf dem Grund zu gehen. Denke nur an Kopf- oder Zahnschmerzen. Man nimmt lieber Schmerztabletten, anstatt die Situation an der Basis zu bereinigen.

Dies ist die übliche Vorgehensweise bei Problemen. Und leider ist es die falsche! Ich möchte Dich daher auffordern, Deine Herangehensweise an die Lösung von Problemen zu ändern.

Weiche ihnen nicht aus!

Gehe sie früh genug an!

Dringe zu ihrer Ursache vor und sorge dort für Abhilfe!

So kannst Du vermeiden, dass Du eines Tages von einer Problem-Lawine überrollt wirst. Ganz im Gegenteil! Deine Fähigkeit, mit Problemen umzugehen wächst. Du kannst bald viel größere Probleme lösen, was bedeutet, dass sich Dein Einflussbereich erweitert und Du erfolgreicher wirst, als Du es jemals zuvor warst. Und natürlich wird Dir Dein Leben viel mehr Spaß machen! Gute Aussichten, nicht wahr?

Leitsätze:

- ❑ Es gibt nur einen Ort mit zehntausend Menschen, die keine Probleme mehr haben. Das ist der Friedhof! Mache Dir also keine Sorgen, weil Du Probleme hast – denn das zeigt nur, dass Du lebst!
- ❑ Ein Problem ist eine Herausforderung, die es zu bewältigen gilt!
- ❑ Der grundlegende Fehler bei der Handhabung von Problemen besteht darin, ihnen auszuweichen!
- ❑ Weiche Deinen Problemen nicht aus! Gehe sie früh genug an! Dringe zu ihrer Ursache vor und sorge dort für Abhilfe!

Selbstprüfung

1. Welche Erkenntnisse habe ich aus dem letzten Kapitel gewonnen?

2. Welche Erkenntnisse lassen sich auf mein Leben übertragen?

3. Womit beginne ich sofort?

8. Wie man sich eine positive Geisteshaltung antrainiert

Wie bereits erwähnt, bescheinigten mir meine Lehrer während meiner Schulzeit immer wieder eine ausgeprägte Intelligenz. Dieses Lob nahm ich gerne entgegen. Nur leider blieb es auch dabei. Ich nahm es weder als Aufforderung, etwas zu tun, noch als Herausforderung, meinen Horizont zu erweitern. Anders ausgedrückt: Ich verblieb in meinem gewohnten Trott! Meine Faulheit kannte kaum Grenzen, schulische Abschlüsse schaffte ich eher schlecht als recht. Hätte ich damals gewusst, was ich erreichen will und mit Hilfe exakter Zielausrichtung die Energie entwickelt, die nötig ist, um etwas zustande zu bringen, wäre ich viel früher erfolgreich geworden! Zusätzlich hätte ich beim Lernen eine ganz andere Motivation entwickeln können.

Doch so war es nicht. Es gab niemanden, der mir den Startschuss gab und sagte: „Jetzt aber los!" Einzig und allein die Frage „Willst Du weiter zur Schule gehen oder eine Lehre machen?" wurde mir gestellt. Eine Frage, die Du sicherlich kennst. 08/15-Standard! Entweder man geht weiter zur Schule, sprich Universität, Handelsschule und dergleichen, oder man beginnt seine Lehre. Das war damals der übliche Weg und ist es auch heute noch.[16] Damit ist an sich nichts verkehrt. Jeder sollte selbst wählen können, wie er seinen weiteren Berufsweg gestaltet. Was allerdings fehlte, waren die Erfolgskomponenten, die ich in diesem Buch zusammengefasst habe. Von positiver Geisteshaltung keine Spur. Stattdessen nur der furchtsame Versuch, den „sicheren" Weg zu gehen. Exakte Zielausrichtung war sowohl meinen Lehrern, wie auch meinen Eltern und mir selbst ein Fremdwort. Kein Wunder also, dass mein Potential in jungen Jahren nie richtig entfesselt wurde. Und wahrscheinlich war dies auch bei Dir nicht der Fall.

Mit der richtigen Technik zum Erfolg

Wenn man eine Tätigkeit professionell verrichten kann, also über die richtige Technik verfügt, ebnet einem dies den Weg zum Erfolg. Dieses Prinzip findet auch bei der Schaffung einer positiven Geisteshaltung Anwendung.

[16] Sogar meine zwanzigjährige Tochter hält unser deutsches Schulsystem für völlig antiquiert. Insbesondere, da einige Lehrer heute noch mit Standards unterrichten, die seit 30 Jahren „out" sind. Weiterhin werden unsere Schüler gezwungen, Dinge zu lernen, die sie in ihrem ganzen Leben nie wieder brauchen. Hier ist frischer Wind nötig, etwa wie in einigen asiatischen Staaten, wo die Schüler ab einem gewissen Alter alle mit Notebooks ausgestattet werden oder in den USA, wo der Unterricht der weiterführenden Schulen und Universitäten viel mehr auf den späteren Beruf ausgerichtet ist.

Jedes Mal, wenn Du im Alltagsleben auf eine Situation triffst, wo das Negative überwiegt, muss Deine innere Ampel sofort auf Rot schalten. Du musst zu Dir selbst sagen:

„Halt! Stop! Das sind negative Gedanken!“

Das ist der erste Schritt: Zu erkennen, dass man negativen Gedanken nachhängt. Dann folgt der zweite Schritt: Herauszufinden, warum man so negativ denkt.

Diese Technik kann man sich antrainieren. Dabei solltest Du nicht erwarten, sie von heute auf morgen fehlerfrei anwenden zu können. Schließlich bist Du keine Maschine, die auf Knopfdruck reagiert. Aber Du kannst es trainieren!

Stelle Dir vor, Du entschließt Dich heute, jeden Tag im Fitness-Studio unter Anleitung eines kompetenten Trainers an Deinem Körper zu arbeiten. Was glaubst Du, wie Deine Muskeln und Deine gesamte körperliche Konstitution nach einem Jahr aussehen werden? Und genauso, wie man den Körper trainieren kann, gelingt es auch mit dem Verstand!

Wenn Du also das nächste Mal auf ein Problem triffst, dann weiche ihm nicht aus. Bleibe standhaft und schaue ihm – bildlich gesprochen – direkt in die Augen. Schalte etwaige negative Gedanken ab und beginne, dieses Problem als Deinen Helfer anzusehen. Finde heraus, warum dieses Problem überhaupt auf Dich zugekommen ist. Wenn Du das erkennst, ist dies positiv. Du ebnest Dir damit den Weg zur Lösung dieses Problems, was als äußerst vorteilhaft eingestuft werden kann.

Stress mit dem Lebenspartner

Angenommen, Du hast Stress mit Deinem Lebenspartner. Es geht um eine Angelegenheit, wo keiner nachgeben will. Wie zwei Widder, die ihre Hörner gegeneinanderstoßen. Wenn Du auf eine solche Situation triffst und sie nicht positiv angehst – also mit Deinem Partner darüber redest und mit ihm gemeinsam versuchst, dem Problem auf den Grund zu gehen – dann entwickelt sich eine Atmosphäre der Kälte. Das „traute Heim“ ist nicht mehr nur Glück allein. Man entfremdet sich. Was irgendwann folgt, wenn man zu Hause keine Wärme mehr findet: Man sucht sie sich woanders und geht fremd. Damit hätte man schon fast das Endstadium dieses Problems erreicht.

Die korrekte Handhabung dieser Situation würde etwa wie folgt aussehen: Du hast ein Problem mit Deinem Lebenspartner. Das musst Du erkennen. Du musst zu Dir selbst ehrlich sagen: „Moment mal – hier stimmt doch etwas nicht! Ich muss etwas unternehmen, um das in Ordnung zu bringen!" Dann gehst Du die Sache an, redest mit Deinem Partner, stellst die Harmonie wieder her – mit welchen Mitteln auch immer – und rettest so die Beziehung.

Du darfst nicht derart stolz sein, dass Du nichts unternimmst. Was nützt Dir Stolz, wenn Du dafür die Liebe Deines Partners verlierst?

Etwas zu bereuen, ist auch keine praktische Lösung. Du weißt, dass die Vergangenheit nicht mehr korrigiert werden kann. Warum solltest Du Dich also selbst quälen, indem Du ständig dem nachtrauerst, was Du verloren hast? Ergo: Bleib nicht in der Vergangenheit hängen. Verzichte auf solch demotivierende Gedanken wie „Hätte ich ...", „Wenn ich aber ... hätte".

Richte Deinen Blick in die Zukunft, denn dort findest Du Erfolg, Glück und all die Dinge, die das Leben lebenswert machen!

Eine steile Karriere durch die Kraft der positiven Gedanken

Im Laufe meiner Arbeit als Trainer bin ich vielen Menschen begegnet, die ich darin unterstützen konnte, ihre Haltung gegenüber dem Leben zu verändern. Dies ist übrigens eine der grundlegenden Tätigkeiten, die gute Trainer ausführen. Manche machen nicht mehr, als die Aufmerksamkeit ihrer Seminarteilnehmer auf positive Dinge zu richten und erzielen schon damit unglaubliche Ergebnisse.

Etwa ein halbes Jahr nach der Gründung meiner ersten eigenen Vertriebsorganisation rekrutierte ich einen neuen Mitarbeiter, der gerade erst 23 Jahre alt war und bei einer großen deutschen Bank in Bochum hinter dem Kassenschalter arbeitete. Sein neues Aufgabenfeld – in der Vertriebsstruktur meines Unternehmens – verrichtete er zunächst nur neben seinem „eigentlichen" Beruf, der ihm ein festes Gehalt garantierte. Ihm war klar, dass er als Bankangestellter nicht über die Karrierechancen verfügte, die er gerne ergriffen hätte. Allerdings war sein Denken zu dieser Zeit zu negativ, um wirkliche Fortschritte zu erzielen. Ich habe ihn dann – genauso wie viele andere meiner Mitarbeiter auch – persönlich geführt und in den Grundlagen des Erfolgs unterwiesen. Er nahm auch an unseren Management-, Rhetorik- und Verkaufsseminaren teil. Das Resultat war außergewöhnlich! Er ist die Karriereleiter nahezu senkrecht nach oben geklettert, mauserte sich zum exzellenten Verkäufer und hat mir später sogar den in meinem Besitz befindlichen Aktienanteil der schweizer Vertriebsorganisation abgekauft. Er schaffte es, das Unternehmen europaweit zu expandieren und beschäftigte Anfang 2000 etwa 2.000 Mitarbeiter. Dabei hat er starke Mitbewerber bereits hinter sich gelassen. Sein heutiges Vermögen kann ich nur schätzen, aber es liegt sicherlich bei 25 Millionen Schweizer Franken. All das hat er in weniger als zehn Jahren auf die Beine gestellt.

Interessanterweise ist er nicht einmal der begnadete Rhetoriker, der bei einem Vortrag alle Zuhörer in seinen Bann ziehen und sie durch seine Wortgewalt mitreißen kann. Er ist nicht der Typ, der es versteht, vor versammelter Mannschaft flammende Motivationsreden zu halten. Aber – und das ist eines seiner herausragenden Persönlichkeitsattribute – er ist ein echtes Arbeitstier. Zusammen mit seiner inzwischen durch und durch positiven Geisteshaltung legte er damit den Grundstein für seinen Erfolg.

Motivation durch Literatur

Es soll Menschen geben, die werden durch die Worte von Goethe zu unglaublichen Höhenflügen inspiriert. In angelsächsischen Breitengraden räumt man Shakespeare einen ähnlich hohen Status ein. Ich persönlich mag deren Literatur, kann sie aber keineswegs als eine meiner inspirativen oder motivierenden Quellen nennen.

Dabei können Bücher das eigene Training in Richtung einer positiven Geisteshaltung definitiv unterstützen. Meine ersten Erfahrungen in diese Richtung machte ich, als ein Vorgesetzter mir *Lebe begeistert und gewinne* von Frank Bettger empfahl. Dieses Buch, das ursprünglich von diesem Verkäufer für andere geschrieben wurde, vermittelte mir zum einen praxisbezogene Tipps, die ich leicht umsetzen konnte. Darüber hinaus sorgte es aber auch dafür, dass der bei mir entzündete Funke des positiven Denkens weiterhin loderte.

Dieses Buch ist in seinem Genre einer der Klassiker. Ich kann Dir nur ans Herz legen, es zu lesen. Überhaupt ist Weiterbildung ein überaus interessantes Thema. Positiv denkende Menschen sind gleichsam interessierte Menschen und eifrig darum bemüht, immer neue Dinge kennen zu lernen. Daher lesen sie überdurchschnittlich viel. Diesen Wesenszug musst Du Dir unbedingt aneignen, denn:

Motivierende Literatur wird Deinen Enthusiasmus und Deine positive Geisteshaltung stärken und festigen! Du erhältst durch sie einen starken Verbündeten auf Deinem Weg zum Erfolg. Und gleichsam einen niemals ermüdenden Trainingspartner!

Leitsätze:

- ❑ Jedes Mal, wenn Du im Alltagsleben auf eine Situation triffst, wo das Negative überwiegt, muss Deine innere Ampel sofort auf rot schalten. Du musst zu Dir selbst sagen: „Halt! Stop! Das sind negative Gedanken!“ Dann folgt: Herauszufinden, warum Du so negativ denkst!
- ❑ Höre auf, das Vergangene zu bedauern – konzentriere Dich auf die Zukunft!
- ❑ Richte Deinen Blick in die Zukunft, denn dort findest Du Erfolg, Glück und all die Dinge, die das Leben lebenswert machen!
- ❑ Versuche, aus jeder Situation das Beste zu machen!
- ❑ Lerne aus Fehlern – finde das Positive daran und profitiere davon!
- ❑ Nutze Bücher, um Deine positive Geisteshaltung zu stärken und zu festigen!

Selbstprüfung

1. Welche Erkenntnisse habe ich aus dem letzten Kapitel gewonnen?

2. Welche Erkenntnisse lassen sich auf mein Leben übertragen?

3. Womit beginne ich sofort?

9. Man lernt nie aus

Als ich Anfang 1999 wieder im Vertriebsbereich aktiv wurde und mich unter anderem darum kümmerte, neue Mitarbeiter anzuwerben, flatterten eine Menge Bewerbungsunterlagen samt Lebenslauf auf meinen Schreibtisch. Ich glaube bis Anfang 2000 waren es rund 400 an der Zahl, komprimierte menschliche Biographien. Nachdem ich sie durchgesehen hatte und einen Moment lang innehielt, fiel mir dabei ein interessanter Faktor auf: *Mit dem Tag, an dem die Menschen ihre schulische Ausbildung beendet hatten, endete auch ihre persönliche Weiterbildung!* Das war bei fast 100 Prozent der Bewerber der Fall!

Zunächst war ich verblüfft. Immerhin war ich es gewohnt, selbst regelmäßig Seminare zu besuchen und mich in autodidaktischen Studien durch Tausende von geschriebenen Seiten zu arbeiten. Gleichsam war ich neugierig geworden. War ich hier auf einen weiteren Erfolgsfaktor gestoßen?

Ich durchforstete die mir vorliegenden Unterlagen gezielt nach Weiterbildungsmaßnahmen, Zertifikaten von Seminaren zu Themen wie Management, Persönlichkeitsentwicklung, Rhetorik, Telefonmarketing und Verkauf. Dabei bin ich nur in den seltensten Fällen auf eben solche gestoßen.

Dies ist umso verblüffender, als ein reichhaltiges Angebot zur Verfügung steht. Das Spektrum reicht von eher mäßigen Angeboten bei der IHK oder Volkshochschule bis hin zu Top-Seminaren von waschechten Profis.

Ich ging der Angelegenheit weiter nach und fragte die Bewerber im ersten persönlichen Gespräch: „Lesen Sie?" Dies wurde größtenteils bejaht, woraufhin ich weiter nachhakte: „Was lesen Sie?" Hier wurden die Antworten schon vielfältiger, wobei sich der Lesestoff der meisten Befragten aus Tageszeitungen, Zeitschriften und Romanen zusammensetzte. Wenn ich weiter in die Details vordrang und nach Sachbüchern zu Themen wie Rhetorik oder Verkauf fragte, bestand die Antwort fast immer aus einem Kopfschütteln.

Der wahre Nutzen der richtigen Bücher, oder: Wissen ist Macht!
Neben der Tatsache, dass manche Menschen sich nicht die Mühe machen wollen, etwas zu lesen, fehlt ihnen oft die Motivation. Als ich in Bewerber-

gesprächen nach dem Grund dafür gefragt habe, warum die Bewerber sich nicht weiterbildeten, erhielt ich Antworten, die mich in Erstaunen versetzten. Etwa: „Ja, aber das brauche ich für meinen Beruf doch nicht. Ich stehe bei Opel am Fließband, warum sollte ich etwas über Rhetorik lernen?“ Meine Meinung dazu: „Damit Sie nicht Ihr ganzes zukünftiges Leben am Fließband stehen müssen!“

Wissen ist Macht! Und Macht bedeutet, dass man seine eigenen Ideen umsetzen kann!

Den Menschen fehlt in dieser Beziehung oft die Perspektive. Sie sind zu sehr auf ihre aktuellen Aktivitäten und die damit verbundenen Schwierigkeiten konzentriert, als dass sie ihren Blick in die Zukunft richten könnten. Dahinter steckt eine regelrechte Scheuklappen-Mentalität, die sich auf den Erfolg unseres ganzen Landes auswirkt. Warum sonst strebt die Bundesregierung an, ausländischen Spitzenkräften im Computerbereich eine Green Card anzubieten, wo wir gleichzeitig rund vier Millionen Arbeitslose haben, denen es prinzipiell offensteht, sich selbst weiterzubilden?

Doch ist das nur die Auswirkung. Was hingegen ist die Ursache dieses Problems?

Die große Barriere in Richtung Wissen

Bei all den positiven Einflüssen, die gute Sachbücher auf uns ausüben können, war es für mich ein Rätsel, dass nur wenige Menschen wirklich daran interessiert sind, sich weiterzubilden und zu lesen. Gemäß dem, was ich hörte, schien das Thema Lernen spätestens mit der Schule oder Universität abgeschlossen zu sein. Danach machte man sich wohl nur um andere Dinge Gedanken.

Einen Hinweis auf den darunterliegenden Grund fand ich, als ich vor einiger Zeit eine Telefonmarketing-Aktion bei Versicherungsvertretern durchführte. Es wären hier verschiedenste Reaktionen zu erwähnen, die recht amüsant waren, doch gab es einen Faktor, der mir im Zusammenhang mit dem Thema Lernen bedeutungsvoll erschien: Diese Vertreter verhielten sich so, als ob sie in ihrem Bereich die absoluten Profis wären, die amtierenden Weltmeister. Anders ausgedrückt: Sie gingen in überheblicher Weise davon aus, dass sie schon alles Nötige wissen würden. Warum sollten sie sich also die Mühe machen, noch etwas zu lernen? Sie wussten einfach, dass sie schon alles wussten – und beförderten sich damit gleichzeitig aufs Abstellgleis!

Sokrates sagte einst: „Ich weiß, dass ich nichts weiß!" Damit rüttelte er all diejenigen wach, die sich in herrlicher Selbstbeweihräucherung dazu entschieden hatten, dass es für sie nichts mehr zu wissen gab. Scheinbar ist dieser Gedankenansatz aber vielen Menschen unbekannt. Unter anderem auch den oben erwähnten Vertretern.

Du könntest jetzt anführen, dass es möglich sei, dass sie in der Tat schon alles Nötige wissen würden. Abgesehen davon, dass eine schier unendliche Quantität an Wissen existiert, die kaum jemand überhaupt zu wissen vermag, kann ich ein ganz simples Argument anführen, das klar beweist, wie sehr sie sich irren. Wenn diese Vertreter nämlich schon alles nötige wissen würden und in ihrem Job wirkliche Profis wären, warum nagen dann rund 90 Prozent von ihnen am Hungertuch?

Die Realität sieht etwa so aus: Die meisten von ihnen sind negativ eingestellt. Positives Denken ist für viele ein Begriff, den sie irgendwann einmal am Rande mitbekommen haben. Sie wissen nicht wirklich, warum sie ihren Beruf ausüben und verfügen daher weder über ein entsprechendes Ziel, noch über die nötige Motivation. Da sie sich nicht weiterbilden, stagnieren sie und kommen nicht wirklich vorwärts.

Angenommen Lennox Lewis, der amtierende Boxweltmeister im Schwergewicht, würde sich auf seinen Lorbeeren ausruhen und den ganzen Tag zu Hause auf seiner Couch liegen, in dem guten Glauben, dass er der Beste sei. Sicher, er hat bewiesen, dass er der Beste ist. In drei der vier großen Boxverbände hält er den Weltmeistertitel. Aber was glaubst Du, wie lange er den Titel noch halten kann, wenn er nicht ständig trainiert und an sich arbeitet? Spätestens bei der nächsten Titelverteidigung wäre er die längste Zeit die Nummer 1 gewesen. Die verbohrte Einstellung „Ich bin der Weltmeister" würde ihm nicht viel nützen, wenn er unter dem Schlaggewitter seines Gegner k.o. geht. Er würde als Champion in den Ring gehen und ihn als Ex-Champion verlassen! Und all das nur, weil er sich dadurch blenden ließ, dass er der Meister war und es daher unterließ, sich weiterzubilden.

Stetiges Training macht den Profi!

Mir selbst erging es einmal ähnlich. Ich war, nachdem ich – wie später noch angeführt wird – auf recht abenteuerliche Weise meine Lizenz erwarb, Pilot geworden. Das wusste ich und ging in der Tat davon aus, dass ich zum Zeitpunkt meiner Prüfung genug darüber gelernt hatte.

Nun muss man vorschriftsmäßig alle zwei Jahre ein Pensum von 24 Flugstunden sowie 25 Starts und Landungen absolvieren. Das war einige Zeit lang kein Problem, da ich mein eigenes Flugzeug hatte und immer zu Terminen unterwegs war. Später konzentrierte sich meine Arbeit auf ein weniger weitflächiges geographisches Gebiet, und ich verkaufte mein Flugzeug.

Schließlich kam es so, dass ich von März 1998, wo ich meine Lizenz zuletzt verlängerte, bis Anfang 2000 keine einzige Flugstunde hatte. Das bedeutete für mich im Klartext: Entweder verliere ich meine Lizenz, die ich zwar später – allerdings unter großem Aufwand – hätte erneuern können oder ich absolviere das vorgeschriebene Pensum innerhalb kürzester Zeit. Erschwert wurde die Angelegenheit durch das schlechte Flugwetter im bewölkten Winter, denn meine Lizenz gilt nur für Sichtflüge. Ende Februar hatten wir endlich ein Wochenende mit gutem Wetter. Kurzerhand charterte ich eine Maschine und plante ausgiebige Flüge inklusive Starts und Landungen. Aus Sicherheitsgründen entschied ich mich, einen Fluglehrer mitzunehmen. So konnte ich vorhandene Defizite ausbügeln und einige Flugstunden absolvieren. Doch es sah nach wie vor unrealistisch aus, das erforderliche Pensum rechtzeitig zu schaffen.

Glücklicherweise wusste ich, dass einem gemäß Flugrecht die Hälfte der Mindeststunden erlassen werden, wenn man einen Flug mit einem Sachverständigen durchführt. Hinzu kam, dass das Wetter in der letzten Woche vor Auslauf der Frist hervorragend war. Das war meine Chance! Ich charterte also eine weitere Maschine und flog, was das Zeug hielt. Zwar wurde ich mir einiger Defizite bewusst, schaffte aber nur knapp ein Viertel der erforderlichen Stunden. Ich rechnete mir jedoch aus, dass ich die Hälfte in den verbleibenden Tagen noch schaffen könnte. Also vereinbarte ich einen Termin mit einem Sachverständigen, um meine Lizenz so verlängert zu bekommen. Zu diesem Zeitpunkt ging ich noch immer davon aus, dass ich ein guter Pilot sei und betrachtete die zu absolvierenden Flugstunden als reine Pflichtübung.

Der Sachverständige, mit dem ich mich kurz darauf traf, war äußerst gründlich. Und mir wurde klar, dass ich seit der Prüfung einiges vergessen hatte. Defizite zeigten sich schon bei der Durchführung der Checkliste, um das Flugzeug startklar zu machen und waren auch beim Fliegen selbst vorhanden. Schließlich wurde mir klar, dass ich in der Vergangenheit sehr nachlässig mit meinem Leben umgegangen war. Immerhin: Wenn der Motor eines Autos ausfällt, bleibt es stehen. Bei einem Flugzeug segelt man langsam (oder manchmal auch schneller als es einem angenehm ist) aber sicher in die Tiefe! Ich erkannte, dass die vielen kleinen technischen Details, die man als Pilot kennen muss, einen Kopf und Kragen kosten können, wenn man sie im richtigen Augenblick nicht parat hat.

Weiterhin wurde mir klar, dass man, selbst wenn man ein Fachgebiet beherrscht, das Wissen und die Übungen ständig wieder auffrischen muss. Das ist genauso wichtig, wie das Lernen von neuen Dingen! Oft wird man nachsichtig und ist zu sehr mit sich selbst zufrieden, als dass man all dem die nötige Aufmerksamkeit schenkt. Dennoch ist es nötig und in manchen Fachgebieten sogar lebenswichtig!

So beseitigst Du die Wissensbarriere!

Das ist also die große Barriere, die Du – falls sie bei Dir vorhanden ist – einfach dadurch beseitigen kannst, dass Du ein reges Interesse am Leben und neuen Entwicklungen aufrechterhältst. Und dabei meine ich nicht nur diejenigen im technischen Bereich, der unser Leben mehr und mehr dominiert. Auch und vor allem Entwicklungen in den Bereichen Führung, Kommunikation, Motivation, Rhetorik, Verkauf etc. sollten Deine Aufmerksamkeit erregen. Gebiete also, die den Umgang mit Menschen behandeln und uns helfen, besser mit anderen umzugehen.

Ich selbst habe eine Menge positiver Erfahrungen mit motivierenden und inspirierenden Sachbüchern gemacht.

Man darf niemals aufhören zu lesen ...

In den ersten zwei Jahren meiner Tätigkeit im Strukturvertrieb – ich war damals Mitte 30 – beschäftigte ich mich intensiv mit Literatur zu Themen wie positives Denken, Motivation und Nutzbarmachung des geistigen Potentials. Ich habe mit diesen Büchern gearbeitet und meine Arbeit von ihnen beeinflussen lassen. Gleichsam war es für mich beruflich eine erfolgreiche Zeit. Ich galt als einer der firmeninternen Shooting-Stars. Innerhalb von weniger als anderthalb Jahren hatte ich in dem sechsstufigen Karrieresystem die vierte Stufe erreicht und war Chefrepräsentant. Es gab meines Wissens bis zu diesem Zeitpunkt in der Geschichte des Unternehmens nur eine einzige Person, die die Karriereleiter schneller hochgeklettert war als ich.

Irgendwie hatte ich dann eines Tages die Idee, dass ich es nicht mehr nötig hätte, solche Bücher zu lesen. Ich dachte, dass ich schon alles über Erfolg wissen würde und nutzte meine Zeit anders. Das war – wie ich später feststellen musste – ein schwerwiegender Fehler. Nachdem ich nämlich nicht mehr kontinuierlich durch die positiven Gedanken der Autoren beflügelt wurde, sank mein Motivationsniveau schrittweise ab. Ich verfiel in alte Denkmuster und machte mehr und mehr Fehler. Wenn Schwierigkeiten auftraten, tendierte ich dazu, anderen die Schuld in die Schuhe zu schieben. Meine emotionale Einstellung wurde schlechter. Das wirkte sich auf die Verkaufsergebnisse aus, weshalb sich der Kreis immer weiter fortsetzte, und ich mich mit jeder Umdrehung in einer schlechteren geistigen Verfassung wiederfand. Schließlich drehten sich meine Gedanken den ganzen Tag lang nur noch um die gemeinen Attacken, denen ich mich von meinem Vorgesetzten und anderen Mitarbeitern ausgesetzt sah. Das Ende vom Lied war mein Abschied von diesem Unternehmen.

Hier kannst Du aus meinem Fehler lernen:

Höre niemals auf zu lesen!

Allgemeiner formuliert, kann man sagen:

Wer glaubt, an seiner Ausbildung sparen zu können,
könnte genausogut die Uhr anhalten, um Zeit zu sparen!

Dabei gilt es, sich auf motivierende Literatur konzentrieren, die Dich zu neuen Höhenflügen inspiriert.

Wie Du die richtigen Texte auswählst
Es versteht sich von selbst, dass Du stumpfsinnige und mit falschen Informationen oder schlechter Laune gespickte Texte meiden musst. Auch davon gibt es einige. Sie werden Dir schnell auffallen, denn Du wirst vom Autor bereits nach einigen Seiten dazu „motiviert“, das Buch in den Mülleimer zu werfen.

Ich möchte Dir an dieser Stelle einige der besonders guten Bücher vorstellen, diejenigen, die mich in der Vergangenheit immer wieder motiviert haben, und die ich daher nur wärmstens empfehlen kann.

Der begeisterte Profi: Frank Bettger
In den ersten fünf Monaten meiner Tätigkeit in der Versicherungsbranche war ich alles andere als erfolgreich. Tatsächlich war ich so erfolglos, dass ich Ende 1974 kurz vor meiner Entlassung stand. Damit erging es mir so ähnlich wie Frank Bettger, der zu Beginn seiner Karriere drauf und dran war, das Handtuch zu werfen. Glücklicherweise nahm ihn einer seiner Kollegen zur Seite und erzählte ihm eines der ganz großen Erfolgsgeheimnisse: „Junge, du musst begeistert an die Geschichte herangehen und von deinem Produkt begeistert sein!“ Er folgte diesem Rat und wurde erfolgreich.

Als ich Weihnachten 1974 kurz vor dem Ende meiner Karriere stand, nahm mich mein Chef zur Seite und schenkte mir ein Exemplar des Buches *Lebe begeistert und gewinne*, geschrieben von eben jenem gerade erwähnten Frank Bettger. Ich las es und war fasziniert, besser noch, ich war motiviert. Meine Einstellung zum Verkaufen änderte sich drastisch. Anfang Januar 1975 führte ich mein erstes Verkaufsgespräch im neuen Jahr und – Überraschung! – zeichnete den Kunden ab. Es folgte mein zweites Gespräch und – wieder ein Abschluss! Meine Abschlussquote schnellte nach oben! Es war kaum zu glauben, wie positiv sich meine neue Geisteshaltung auf meine Abschlüsse auswirkte. Und alles begann mit einem Buch!

Dieses Buch wird nicht umsonst als die moderne Bibel der Verkäufer angesehen. Es war eines der ersten Motivationsbücher, die seit Ende der sechziger Jahre aus den Vereinigten Staaten „importiert“ wurden. Bemerkenswert ist vor allem, wie locker der Autor seinen Job darstellt und damit den konservativen Rost früherer Bücher zu dem Thema abschüttelt.

Vom Niemand zum Top-Verkäufer

Die Lebensgeschichte von Frank Bettger selbst ist einer dieser amerikanischen „Vom Tellerwäscher zum Millionär"-Heldenepen. Bereits im Alter von fünf Jahren wurde er Halbwaise. Sein erster Job, den er als Elfjähriger bekam, bestand darin Zeitungen zu verkaufen. Nach weiteren, eher unbedeutenden Tätigkeiten, spielte er schließlich – in typisch amerikanischer Manier – Baseball. Sein Traum von einer Karriere als Profi-Sportler zerbrach jäh, als er eine schwere Armverletzung erlitt. Es schien, als habe ihn das Glück verlassen, und er mühte sich eher schlecht als recht durchs Leben, bis er eines Tages seine Berufung erkannte, eine positive Geisteshaltung annahm und zu einem der erfolgreichsten Verkäufer Amerikas aufstieg!

Als er 1949 das Manuskript von *Lebe begeistert und gewinne* – an dem er fünf Jahre gearbeitet hatte – zu einem Verleger brachte, erlebte er eine Überraschung. Das Buch ging in Druck und innerhalb kürzester Zeit schoss es an die Spitze der nationalen Bestsellerlisten. Der zuvor oft als „Versager" bezeichnete Mann errang innerhalb weniger Jahre Weltruhm. Die Hauptaussage seines Erstlings-Werkes: *Mit Begeisterung lässt sich hervorragend verkaufen!* Ich würde dieses Konzept umformulieren und sagen:

Mit einer positiven Geisteshaltung wird man beruflich erfolgreich!

Frank Bettger wurde ein gefragter Ratgeber für Verkäufer und entschied sich später, ein weiteres Buch mit dem Titel *Erlebte Verkaufspraxis* zu schreiben. Auch dieses Buch ist – zumindest für Verkäufer – ein absolutes Muss! Und wer von uns ist – wie ich schon vorher angeführt habe – kein Verkäufer?

Interessanterweise zählte auch Dale Carnegie zu den Kunden von Frank Bettger. Am 16. März 1920 hat er bei dem Star-Verkäufer seine erste Versicherungs-Police abgeschlossen, lange Zeit, bevor die beiden Weltruhm erlangten.[17]

[17] Frank Bettger, Erlebte Verkaufspraxis, Glattbrugg-Zürich, 1984, Seite 5ff und Seite 146f

Freunde gewinnen à la Dale Carnegie

Selbst heute, Jahrzehnte nach seinem Tod, gelingt es seinen Büchern immer wieder, die Bestsellerlisten zu stürmen. Die Rede ist von Dale Carnegie, dessen Werke mit zu den Klassikern der Motivations-Literatur zählen. Er war kein Kind aus reichem Hause und fristete lange Jahre seines Lebens in Armut. Seinen kargen Lebensunterhalt verdiente er sich zeitweise damit, dass er Lastwagen verkaufte, einen Beruf, den er nach eigener Aussage hasste. Das Leben in New York, in einem von Kakerlaken als Durchgangsstraße benutzten Zimmer, entsprach auch nicht gerade seinen Vorlieben. Er war der typische Looser, ein Verlierer, wie er im Buche stand. Und dennoch: Carnegie gab nicht auf. Trotz vieler Durststrecken und Niederlagen hatte er immer sein Ziel vor Augen: Menschen zu unterrichten! Besonders hart traf es ihn, als er von zwei Universitäten, denen er seine Dienste angeboten hatte, schroff abgelehnt wurde. Eine weitere Niederlage, die sich den vorangegangenen hinzufügte. Aber er versuchte weiter, sein Ziel zu erreichen – bis er schließlich beim YMCA[18] als Ausbilder engagiert wurde. Diese neue Aufgabe brachte seinem Leben eine Wende. Es wurde nicht nur von ihm verlangt, dass er lehrte, seine Schüler – eine bunte Mischung aus Menschen aller Alters- und Berufsschichten – verlangten Resultate. Sie wollten Ratschläge, mit denen sie etwas anfangen konnten. Und so wuchs er über sich hinaus und schaffte es, diesem Wunsch zu entsprechen![19] Mit der Zeit sammelte Carnegie seine Erfahrungen in dem Buch *Wie man Freunde gewinnt*, das 1937 mit 5.000 Exemplaren aufgelegt wurde. Es avancierte über Nacht zum Bestseller. Später gelangte auch *Sorge dich nicht – lebe!* zu Weltruhm. Sein drittes Werk war *Die Macht des gesprochenen Wortes.*

Um Dir einen Eindruck von Carnegies Werk zu vermitteln, will ich an dieser Stelle eine Zusammenfassung der wichtigsten Regeln anführen:

1. *Kritisieren, tadeln und verurteilen Sie andere nicht.*
2. *Spenden Sie großzügig aufrichtige Anerkennung.*
3. *Wecken Sie im anderen ein dringendes Bedürfnis.*
4. *Interessieren Sie sich aufrichtig für die anderen.*
5. *Tragen Sie stets und ohne Vorbehalt dem Selbstbewusstsein des anderen Rechnung.*

[18] YMCA – Young Men's Christian Association, Christlicher Verein Junger Männer.

[19] Dale Carnegie, Sorge dich nicht – lebe!, Bern/München/Wien, 1989[50], Seite 9ff

6. *Achten Sie des anderen Meinung und sagen Sie ihm nie: „Das ist falsch“.*
7. *Versuchen Sie es stets mit Freundlichkeit.*
8. *Geben Sie dem anderen Gelegenheit, „ja“ zu sagen.*
9. *Lassen Sie den anderen glauben, die Idee stamme von ihm.*
10. *Appellieren Sie an die edle Gesinnung des anderen.*
11. *Machen Sie den anderen nur indirekt auf seine Fehler aufmerksam.*
12. *Sprechen Sie zuerst von Ihren eigenen Fehlern, ehe Sie den anderen tadeln.*
13. *Machen Sie Vorschläge, anstatt Befehle zu erteilen.*
14. *Geben Sie dem anderen die Möglichkeit, das Gesicht zu wahren.*[20]

Dale Carnegie starb 1955, doch sein Wissen lebt in den von ihm geschriebenen Büchern weiter. Ihre Auflage bewegt sich in Millionenhöhe, und sie sind in viele Sprachen übersetzt worden. Auch in Deutsch, so dass Dir Dale Carnegie gleich drei Bücher hinterlassen hat, die Du lesen solltest!

Napoleon Hill – Denke nach und werde reich

Wenn man den Weg zum Erfolg kennen lernen will, sollte man Menschen fragen, die ihn bereits beschritten haben. Das ist der Grundsatz, dem Napoleon Hill 20 Jahre seines Lebens widmete. Er, der 1883 in Virginia, USA geboren wurde und als Autor arbeitete, erhielt vom „Stahlkönig“ Andrew Carnegie (nicht zu verwechseln mit Dale Carnegie) persönlich den Auftrag, die erfolgreichsten Männer des Landes zu interviewen und auf diese Weise die allgemeingültigen Prinzipien des Erfolgs herauszuisolieren.

Insgesamt 504 Personen, inklusive solch namhafter Persönlichkeiten wie Ford, Eastman, Rockefeller, Edison, Firestone, sowie drei amerikanische Präsidenten stellten ihre Erfahrung zur Verfügung. Vorbedingung für jeden Interviewpartner von Hill war, dass er im Leben außergewöhnlichen Erfolg erzielt hatte. Als Ergebnis wurde ein Buch geschaffen, das ich als den Klassiker dieses Fachbereiches schlechthin bezeichnen möchte: *Denke nach und werde reich!*

Dieses Buch musst Du auf jeden Fall lesen! Es ist ein absoluter Motivationsknüller!

[20] Dale Carnegie, Freu dich des Lebens, Bern/München/Wien, 1990³, Seite 220f

Als kleinen Vorgeschmack will ich an dieser Stelle die *Dreizehn Schritte zum Erfolg* zitieren, die Hill als die Triebfedern eines erfüllten Lebens und Wege zum Reichtum entdeckt hat:

„Der erste Schritt zum Reichtum: Das Begehren
Der zweite Schritt zum Reichtum: Der Glaube
Der dritte Schritt zum Reichtum: Die Autosuggestion
Der vierte Schritt zum Reichtum: Fachkenntnisse
Der fünfte Schritt zum Reichtum: Die Phantasie
Der sechste Schritt zum Reichtum: Organisierte Planung
Der siebte Schritt zum Reichtum: Der Entschluss
Der achte Schritt zum Reichtum: Die Ausdauer
Der neunte Schritt zum Reichtum: Die Macht der „führenden Köpfe"
Der zehnte Schritt zum Reichtum: Das Geheimnis von der Umwandlung der Geschlechtskraft
Der elfte Schritt zum Reichtum: Das Unterbewusstsein
Der zwölfte Schritt zum Reichtum: Der Verstand
Der dreizehnte Schritt zum Reichtum: Der sechste Sinn"[21]

Neben den persönlichen Elementen, die schließlich zum ersehnten (finanziellen) Erfolg führen, fand Napoleon Hill auch sechs absolute Motivationskiller, die er als die „Gespenster der Furcht" bezeichnete:

Armut,
Kritik,
Krankheit,
verlorene Liebe,
Alter und
Sterben.

All dies sind natürlich Faktoren, die eine negative Geisteshaltung fördern. Ich erwähne sie an dieser Stelle nur, damit Du weißt, wovor Du Dich in Acht nehmen musst. Sie zeigen Dir an, wann die Ampel auf rot schalten muss! Dabei solltest Du Dich weniger darauf konzentrieren, sie zu unterdrücken, als vielmehr Deine positive Geisteshaltung fördern. Das ist der richtige Weg! Und Napoleon Hills Buch kann Dich dabei ein gutes Stück mit vorantragen.

[21] Denke nach und werde reich, Napoleon Hill, Deutsche Ausgabe Genf, 1980[10]

Sprenge Deine Grenzen!
Jürgen Höller – einer der bekanntesten deutschen Motivationstrainer und Autor mehrerer Bücher – beginnt sein Buch *Sprenge Deine Grenzen* damit, dass er das Leben eines erfolglosen Mannes von Anfang Zwanzig mit dem eines erfolgreichen Unternehmers von Mitte Dreißig vergleicht. Der Clou daran: Es ist ein und dieselbe Person! Und: Es handelt sich um niemand anderen als eben Jürgen Höller selbst! Er hat es dank der von ihm selbst empfohlenen Methoden und Strategien geschafft, sein eigenes Leben erfolgreich zu gestalten!

Du magst Dich nun fragen, wie er das realisiert hat. Ich will an dieser Stelle nicht zu viel verraten, doch möchte ich Dir einen kurzen Überblick nicht vorenthalten. Ganz davon abgesehen, dass sich viele seiner Auffassungen mit meinen decken, war ich von seinen Ausführungen so fasziniert, dass ich sogar einige davon im hier vorliegenden Buch aufgenommen habe.

Das Buch selbst ist verständlich geschrieben und vermittelt viele Impulse, das eigene Leben zu analysieren und in eine *ursächliche* Richtung zu lenken. Praktische Aufgaben helfen, die angeführten Erfolgsprinzipien zu verinnerlichen und umzusetzen. Untermauert werden seine Prinzipien und Strategien durch ausgewählte Zitate, die allein schon das Buch lesenswert machen.

Der Weg zur finanziellen Freiheit
Die ideale Verknüpfung der Themen Geld und Erfolg fand ich in Bodo Schäfers Bestseller *Der Weg zur finanziellen Freiheit*. Er versteht es, dem Leser auf einzigartige Weise aufzuzeigen, wie falsche Gedanken zum Thema Geld den Umgang damit beeinflussen und wieso man – weil man nicht die richtige Einstellung bezüglich Geld kultiviert – keines besitzt! Doch das ist nicht alles! Der nächste Schritt besteht darin, die vorhandene Einstellung in eine positive Richtung zu ändern und damit den Weg zu Reichtum und Vermögen zu ebnen.

Interessant fand ich insbesondere die Einstellung, dass man Sparen nicht als lästiges Übel ansehen soll, sondern als Bezahlung, die man sich selbst zuteil werden lässt! Ich kenne einige Personen, die allein durch diesen einen Faktor angefangen haben, sich eine wirkliche Liquiditätsbasis aufzubauen. Es würde zu weit gehen, an dieser Stelle einen kompletten Überblick über *Der Weg zur finanziellen Freiheit* zu geben. Darum empfehle ich Dir: Selber lesen!

Meine persönliche Buchempfehlung
Neben den gerade erwähnten Büchern, kann ich noch die folgenden empfehlen, auch wenn ich an dieser Stelle nicht detailliert auf sie eingehen will, da das den Rahmen dieses Buches sprengen würde. Aber ich empfehle sie Dir als Lesestoff, nachdem Du die obigen Bücher gelesen hast.

Lesenswerte Bücher:
Das 1x1 des Zeitmanagements (Lothar J. Seiwert)
Das Prinzip Gewinnen (Arthur L. Williams)
Das Robbins Power Prinzip (Anthony Robbins)
Der Fürst (Niccolo Machiavelli)
Der totale Verkaufserfolg (Zig Ziglar)
Die Erfolgsampel (Klaus Kempe und Jörg Layes)
Die größten Erfolgsstories aller Zeiten (Daniel Gross)
Die Kunst des Krieges (Sun Tsu)
Die Magie des Power-Selling (Mario Ohoven)
Eine amerikanische Karriere (Lee Iacocca)
Marketing Generalstabsmäßig (Al Ries und Jack Trout)
Meine Karriere bei PepsiCo und Apple (John Sculley)
Nieten in Nadelstreifen (Günter Ogger)
Überzeugen, aber wie? (Nikolaus B. Enkelmann)
Vom Kriege (Karl von Clausewitz)

Wie ich Bücher lese
Ich habe im Laufe der Jahre verschiedene Techniken kennengelernt, um Bücher effektiv zu lesen. Dabei hat sich bei mir persönlich folgende Variante als überaus erfolgreich bewährt: Ich lese ein Buch zunächst von vorne bis hinten durch, um mir einen umfassenden Überblick zu verschaffen. Anschließend gehe ich es noch einmal durch und markiere die für mich wichtigen Stellen mit einem Textmarker. Mit anderen Worten: Ich bewerte die gegebenen Informationen und verwerte sie dadurch besser. (Das ist übrigens auch der Grund, warum Du die nach jedem Kapitel folgenden Fragen im Rahmen der Selbstprüfung beantworten sollst!) Zudem überlege ich mir bei den wichtigen Stellen, wie ich sie in Bezug auf mein Leben oder bestimmte, jeweils aktuelle Situationen anwenden kann. Durch diese Vorgehensweise inhaliere ich das Know-how des Buches förmlich und sauge alles mögliche daraus heraus.

Für meine Vorträge gehe ich noch einen Schritt weiter, indem ich daran arbeite, wichtige Textpassagen mit meinen eigenen Worten wiederzugeben. Durch die Verknüpfung mit Beispielen aus meinem Leben, erhalte ich durch Bücher ständig neuen Stoff für meine Seminare.

All das nimmt Zeit in Anspruch. Und Zeit ist natürlich das kostbarste Gut, das der Mensch besitzt, da sie immer weniger wird und verlorene Zeit nicht zurückkommt. Daher stellt sich die Frage: Wie kann man mit wenig Zeit trotzdem viel anfangen und lernen?

Keine Zeit zum Lesen?

Auch wenn Deutschland über einen der größten Buchmärkte der Welt verfügt, wird meiner Meinung nach viel zu wenig gelesen. Gemäß einer statistischen Auswertung, auf die ich kürzlich gestoßen bin, liest der durchschnittliche Deutsche 1,1 Bücher im Jahr. Das ist nicht besonders viel.

„Natürlich ist mehr nicht drin, denn ich habe sowieso viel zu wenig Zeit!" Dies ist ein Argument, auf das ich immer wieder stoße, unter anderem auch in Bezug auf das Thema Lesen. Doch rechnen wir es einmal genau durch. Jede Woche hat 168 Stunden. Die meisten Menschen arbeiten 40 Stunden. Somit stehen ihnen noch 128 zur Verfügung. Wenn wir täglich 8 Stunden Schlaf berücksichtigen, bleiben immer noch 72 Stunden übrig, von denen der größte Teil auf die Freizeit entfällt. Genug Gelegenheit also, um sich einige Stunden pro Woche in weiterbildende Lektüre zu vertiefen.

Aber angenommen, Du willst Deine Freizeit nicht allzu sehr strapazieren. Dann schlage ich folgende Vorgehensweise vor: Du knapst von Deinen täglichen Kaffeepausen eine halbe Stunde ab, stehst jeden morgen eine Viertelstunde früher auf und reduzierst die statistischen drei Stunden vor dem Fernsehgerät um eine weitere Viertelstunde. Somit hättest Du Dir eine ganze Stunde am Tag zum Lesen reserviert! Wenn Du am Wochenende ein wenig mehr Zeit investieren würdest, kämst Du leicht auf zehn Lesestunden pro Woche. Etwa die Zeit, um ein durchschnittliches Buch zu lesen. Das würde gleichsam bedeuten, dass Du innerhalb eines Jahres 52 Bücher lesen würdest und in zehn Jahren über 500! Jetzt vergleiche das einmal mit dem durchschnittlichen Bundesbürger, der in der gleichen Zeit ganze elf Bücher liest. Wer, glaubst Du, hat mehr Chancen, erfolgreich zu sein?

Alles in allem ist es wichtig zu lesen und zu lernen, sowohl Theorie als auch Praxis. So wird man zum Profi und behält diesen Status über lange Zeit. Ich hoffe, allein diese Perspektive motiviert Dich schon dazu, Dich weiterzubilden. Zusätzlich zum Lesen von Büchern darfst Du aber auch andere Weiterbildungsmaßnahmen nicht außen vor lassen. Insbesondere Seminare können Dich ganz schön auf Trab bringen!

Leitsätze:

- ❑ Wissen ist Macht! Und Macht bedeutet, dass man seine eigenen Ideen umsetzen kann!
- ❑ Höre niemals auf zu lesen! Dabei gilt es, sich auf motivierende Literatur zu konzentrieren, die Dich zu neuen Höhenflügen inspiriert.
- ❑ Folgende Bücher sind auf jeden Fall empfehlenswert:
  Lebe begeistert und gewinne (Frank Bettger)
  Erlebte Verkaufspraxis (Frank Bettger)
  Wie man Freunde gewinnt (Dale Carnegie)
  Sorge dich nicht – lebe! (Dale Carnegie)
  Die Macht des gesprochenen Wortes (Dale Carnegie)
  Denke nach und werde reich! (Napoleon Hill)
  Sprenge Deine Grenzen (Jürgen Höller)
  Der Weg zur finanziellen Freiheit (Bodo Schäfer)
- ❑ Lese Bücher, indem Du ihren Inhalt für Dich selbst bewertest und überlege Dir, wie Du die wichtigen Aussagen auf Dein Leben anwenden kannst!
- ❑ Reserviere Dir jeden Tag mindestens eine Stunde zum Lesen!

Selbstprüfung

1. Welche Erkenntnisse habe ich aus dem letzten Kapitel gewonnen?

2. Welche Erkenntnisse lassen sich auf mein Leben übertragen?

3. Womit beginne ich sofort?

10. Motivationsschub durch Seminare

Während meiner Anfangszeit im Strukturvertrieb nahm ich aktiv an Seminaren teil. Das gab mir einen enormen Motivationsschub. Bei einer kürzlich durchgeführten Analyse der Faktoren, die zu meinem damaligen Erfolg beigetragen haben, wurde klar, dass auch diese Seminare Teil davon waren. Seitdem baue ich Seminare ganz gezielt in meine monatliche Planung mit ein. Dabei sind unter anderem die teilweise als eher mäßig einzustufenden IHK-Seminare und natürlich die wirklich lohnenswerten Veranstaltungen echter Top-Profis, wie etwa von Vera F. Birkenbihl, Jürgen Höller oder Bodo Schäfer, die ihr Geld mehr als wert sind.

Dadurch erziele ich einen Synergy-Effekt, denn: Von jedem Seminar nehme ich mindestens eine neue Idee mit, die ich beruflich anwende. Zusätzlich lerne ich neue Trainer und Vortragsredner kennen, die ich in meine eigene Ausbildungsakademie einladen kann. Und last but not least: Bei jedem Seminar lerne ich viele Teilnehmer kennen, von denen ich einige als Mitarbeiter in meinem Vertrieb gewinnen kann, mit dem Vorteil, dass es sich dabei vielfach um Menschen handelt, die an ihrem persönlichen Weiterkommen interessiert sind und aktiv daran arbeiten. Und genau das ist die für mich richtige Zielgruppe!

Die Frage, die ich mir oft stelle, lautet aber: Warum treffe ich auf Seminaren – wie etwa von der IHK – nicht Tausende von Menschen? Warum nur ein paar Dutzend? Liegt es vielleicht an den Kosten? Eigentlich nicht, denn Summen von 100 bis 400 Euro für einen Tag sind nicht die Welt – und stehen in keinem Verhältnis zur Fülle an neuen Gesichtspunkten, die an einen herangetragen werden.

Hier stoßen wir wiederum auf den Faktor, dass viele Menschen die Auffassung vertreten, dass sie das Thema Lernen mit ihrer Schul- und Berufsausbildung abgeschlossen hätten. Die einzige Ausnahme sind arbeitsspezifische Seminare, die von den Firmen, in denen sie arbeiten, angeboten werden. Aber auch diese werden vor allem deshalb besucht, weil die Teilnehmer die Kosten nicht selbst tragen müssen und für die aufgewendete Zeit sogar noch entlohnt werden! Bei einem Seminar zum Thema Telefonmarketing, das ich Anfang 2000 besuchte, waren von 16 Teilnehmern 14 von ihrem Chef geschickt. Nur zwei nahmen „freiwillig“ teil. Insgesamt zeigte etwa die Hälfte der Teilnehmer Interesse am vorgetragenen Thema, was sie auch durch ihre Körperhaltung zum Ausdruck brachten. Die anderen waren eher verschlossen und schienen die ganze Angelegenheit mit Vorbehalt zu betrachten. Allein anhand ihrer emotionalen Einstellung und ihrem Gebaren konnte man folgern, dass sie in etwa folgendes dachten: „Mal sehen, was da jetzt schon wieder auf mich zukommt. Ob das wohl was wird? Wahrscheinlich nicht. Das brauche ich doch eigentlich gar nicht.“ Es ist nicht verwunderlich, dass sie mit dieser Einstellung nicht viel dazulernen.

Seminare als Incentives

Incentives (englisch für *Anreize*) sind eine beliebte Methode, Mitarbeiter für ihre Produktion zu belohnen und sie zu neuen Höchstleistungen anzuspornen. Die Skala reicht von Geschenken wie Uhren oder gar Autos, bis hin zu Urlaubsreisen. Natürlich können auch Seminare als Incentives genutzt werden. Dabei sollte aber darauf geachtet werden, dass man keinen trockenen Vortrag über ein langweiliges Gebiet anpreist, auf den sowieso niemand Lust hat. Glücklicherweise verwandeln viele gute Vortragsredner und Coaches ihre Seminare in eine regelrechte Show, die eine Mischung aus Unterhaltung und Unterweisung bietet. So lernen Mitarbeiter vertvolles Know-how, während sie sich gleichzeitig gut unterhalten und motiviert fühlen.

Neue Gesichtspunkte im Leben

Neben Seminaren, die Bereiche wie Motivation, Rhetorik, Verkauf und dergleichen behandeln, werden eine ganze Reihe anderer Themen angeboten, die einem einen neuen Gesichtspunkt im Leben vermitteln können. Diese Themen mögen nicht die gleiche Durchschlagskraft haben wie die gerade genannten, sie können sich aber positiv auf die Erweiterung des eigenen Horizonts auswirken.

Ich habe hier eine kurze Liste von Themen zusammengestellt, die in Seminaren behandelt werden, nur um Dir einen kurzen Überblick zu geben:
- Computer
- Geschichte
- Gesundheit/Heilverfahren
- Kunst
- Länder/Fremde Kulturen

- Literatur
- Pädagogik
- Philosophie
- Politik
- Religion
- Sprachen
- Theater/Schauspielerei
- Theologie

Die obige Liste ist keineswegs vollständig. Allein im Internet findest Du viele weitere Seminarangebote. Wichtig ist, dass Du für Dich herausfindest, welche Themen für Dich interessant sind und von welchen Du profitieren kannst.

Nutze Seminare als eine Methode, um schnell neues Wissen zu erlangen!

Leitsätze:

- ❑ Seminare vermitteln einem neue Gesichtspunkte. Nutze sie daher als Motivationsquelle und um Dich weiterzubilden!
- ❑ Seminare eignen sich hervorragend dafür, neue Menschen kennen zu lernen. Nutze das für Dich aus!
- ❑ Nutze Seminare als eine Methode, um schnell neues Wissen zu erlangen!

Selbstprüfung

1. Welche Erkenntnisse habe ich aus dem letzten Kapitel gewonnen?

2. Welche Erkenntnisse lassen sich auf mein Leben übertragen?

3. Womit beginne ich sofort?

II. Zielgenaue Erfolgsplanung

1. Der richtige Weg zum Ziel

Neben ihrer negativen geistigen Einstellung ist das Fehlen von Zielen das nächste große Hindernis, das dem Großteil der Menschen auf der Straße zum Erfolg im Weg steht. Tatsächlich ist genau das die Folge ihrer fehlenden positiven Geisteshaltung. Kein Wunder, denn: Warum sollte man sich Ziele setzen – die ja auf die Zukunft ausgerichtet sind – wenn man nicht daran glaubt, dass einem die Zukunft etwas Positives bescheren wird? Daher gilt:

Nimm zuerst eine positive Geisteshaltung an,
und setze Dir dann Deine Ziele!

Dabei muss zwischen diesen zwei Vorgängen kein großer Zeitraum liegen. Es dauert vielleicht nur Sekunden!

Auch ohne Ziele mag man etwas erreichen. Doch ist dies höchstens durch die Gunst des Schicksals möglich – und das ist keine sehr zuverlässige Konstante, wenn es darum geht, erfolgreich zu werden. Oder, wie Mark Twain es ausdrückte: „Wer keine Ziele hat, muss sich nicht wundern, wenn er ganz woanders ankommt." Meine persönliche Auffassung dazu lautet: Wer kein Ziel hat, der verläuft sich immer!

Doch was genau ist eigentlich ein Ziel? Was sind seine spezifischen Charakteristika?

Das Ziel definiert!
Ein Ziel ist etwas, worauf man seine Gedanken und Handlungen ausrichtet. Es ist etwas, das man anstrebt und erreichen will. Es ist der Ort, zu dem man gelangen will! Dem sollten wir hinzufügen, dass ein Ziel immer in der Zukunft liegt. Diese eigentlich selbstverständliche Tatsache scheint gar nicht mehr so selbstverständlich zu sein, wenn man erkennt, dass viele Menschen das Ziel verfolgen, ihre Vergangenheit zu ändern. Das ist – allen Geschichten über Zeitmaschinen zum Trotz – nicht möglich. Es ist nicht einmal nötig!

Wichtig ist nicht, woher Du kommst, sondern wohin Du gehst!

Erwähnenswert ist auch die Herkunft des Wortes Ziel. Es stammt aus dem Althochdeutschen und bedeutete damals soviel wie *Abgemessenes*. Mit anderen Worten: Es handelt sich dabei nicht um ein schwammiges Etwas, von dem man nur eine vage Vorstellung hat, sondern um einen klar umrissenen Sachverhalt! Ein Ziel muss eindeutig und klar definiert sein, um unseren Ansprüchen zu genügen.

Wie Menschen mit „Zielen" umgehen

Wenn ich die Teilnehmer meiner Seminare oder Bewerber nach ihren Zielen frage, erhalte ich Statements wie: „Ich will die Karriereleiter nach oben! Viel Geld verdienen! Erfolgreich sein!" Obwohl man dies, oberflächlich betrachtet, als Ziele durchgehen lassen könnte, sind es in Wirklichkeit keine. Warum nicht? Weil es sich nicht um klar umrissene, zeitlich und mengenmäßig exakt festgelegte Sachverhalte handelt!

Ziele sind konkret! Sie sind real! Man kann sie messen!
Und daher weiß man auch genau, wann man sie erreicht hat.

Wenn man statt wirklicher Ziele nur Träume oder Wünsche kennt, ist das besser als nichts. Man verfügt aber nicht über den Antrieb, der nötig ist, um wirklich motiviert zu sein. Das eigene Energiepotential wird nicht freigelegt. Es ist wie mit dem Ozeanriesen, der über kräftige Maschinen verfügt und die Strecke Hamburg – New York in Rekordzeit bewältigen kann. Wenn der Kapitän aber nur eine verschwommene Vorstellung davon hat, dass er irgendwie nach Westen fahren muss, ist es fraglich, ob er New York jemals erreichen wird. Sicher, es ist besser, als das Trockendock niemals zu verlassen. Immerhin sticht man in See und wird auf seiner Reise wahrscheinlich irgendwann den amerikanischen Kontinent erreichen. Vielleicht ergeht es einem aber auch wie Christoph Columbus, und man gelangt nur bis San Salvador.

Nein, ein Ziel ist nichts Verschwommenes oder Unbewusstes, sondern ein klar definiertes Etwas, dessen Position man in Längen- und Breitengraden angeben kann. Es ist also etwas, das Du anpeilen und auf das Du anschließend lossegeln kannst.

Konkrete Ziele im Überblick
Ein konkretes Ziel ist leicht zu erkennen. Es ist spezifisch. Etwa so: „Mit der Tätigkeit, die ich zur Zeit ausübe, werde ich in diesem Jahr 50.000 Euro verdienen!" Hierbei ist klar ausgesagt, bis wann welche Summe Geld verdient sein soll.

Wenn jemand 24 Jahre alt ist und sich als Ziel setzt, dass er auf den Tag genau in zehn Jahren Vorstandsvorsitzender seiner eigenen Gesellschaft sein wird, so ist dies ein konkretes Ziel.

Ein Taxifahrer, der nur sein eigenes Auto besitzt, könnte sich zum Ziel setzen, innerhalb von fünf Jahren 100 Taxis zu besitzen, die alle für ihn fahren. Der Besitzer einer Imbissstube könnte vorhaben, in der gleichen Zeit ein Franchise-System mit 50 Filialen aufgebaut zu haben, wobei all diese nach dem gleichen organisatorischen Schema funktionieren. Versicherungsvertreter oder Immobilienverkäufer werden ihre Ziele wahrscheinlich in einer bestimmten Umsatzzahl angeben, die sie innerhalb vorgegebener Zeit erreichen wollen. Die Varianten sind in der Tat vielfältig.

Was man beachten sollte ist die Tatsache, dass man sich die zur Verfügung stehende Zeit gut einteilen muss. Auch Rom wurde nicht an einem Tag erbaut. Und große Ziele erreicht man nur selten von heute auf morgen.

Damit Dir der Weg nicht zu lang erscheint,
musst Du Dich Schritt für Schritt voranarbeiten!

Eine verlorene Schlacht bedeutet nicht, dass man den Krieg verloren hat. Gleichsam reicht ein kleiner Sieg nicht aus, um für alle Zeiten Sieger zu sein. Es sind viele Schlachten und kleinere Auseinandersetzungen zu überstehen, um am Ende als Gewinner dazustehen. Mit jedem kleinen Sieg kommst Du dem großen Sieg ein Stück näher und bist gleichzeitig aufs neue motiviert, weiterzukämpfen!

Langfristige und kurzfristige Ziele
Man unterteilt Ziele in verschiedene Etappen. An erster Stelle steht das langfristige Gesamtziel, wobei man hierbei üblicherweise in einem Zeitraum von Jahren denkt. Etwa wie oben angegeben, dass man innerhalb eines Jahres

50.000 Euro verdienen will. Oder dass man – frei nach Bodo Schäfer – beabsichtigt, in sieben Jahren seine erste Million in der Tasche zu haben.

Ein solches Gesamtziel unterteilt man in kleinere Ziele, Etappenziele, die in kürzerer Zeit erreicht werden müssen, um am Ende in der gesetzten Zeitspanne das Gesamtziel realisiert zu haben.

Ich vergleiche das Erreichen eines beruflichen Ziels gern mit dem Sieg der Tour de France. Wenn ein Jan Ullrich am ersten Tag startet, verfügt er über einen Plan. Er hat exakt ausgearbeitet, was er auf jeder einzelnen Etappe erreichen will, um zu guter Letzt mit einem Gesamtzeitvorsprung in Paris anzukommen. Er wird die französische Hauptstadt vielleicht nicht als erster erreichen, aber durch seine Planung und die Unterteilung des Gesamtzieles in kleinere Etappenziele erzielt er die beste Gesamtzeit. Und das ist es, was ihn zum Sieger macht.

Wenn man als Teilnehmer der Tour de France einfach nur „fahren“ würde, ohne sich Etappenziele zu setzen, wäre man nicht so motiviert, wie man es sein könnte.

Bei beruflichen Zielen geht man nach demselben Schema vor. Wenn man innerhalb von sieben Jahren von der Position, die man zur Zeit in der Firma bekleidet, bis in die Vorstandsetage aufsteigen will, muss man sich zunächst vor Augen führen, welche Etappen auf dem Weg vor einem liegen. Anschließend gilt es, die zeitlichen Vorgaben für die Erreichung jeder einzelnen Etappe festzulegen. Die Aktionen, die zur Erreichung jedes einzelnen Etappenziels durchzuführen sind – wie Ausbildungsschritte, Umsatz etc. – müssen auch so exakt wie möglich ausgearbeitet werden. Hier kommen Faktoren zum Tragen, die wir in späteren Kapiteln dieses Buches im Detail behandeln werden.

Im Strukturvertrieb der Finanzdienstleistungsbranche ist dieses Schema automatisch integriert, denn die verschiedenen Positionen, die es zu erreichen gilt, werden durch Karrierepläne definiert. Was jeder selbst festlegen muss ist die Zeit, in der er jeden vor ihm liegenden Schritt auf der Karriereleiter erreicht haben will. Da die Voraussetzung zur Erreichung der nächsten Karrierestufen vom Umsatz abhängig ist, weiß man, wie hoch das benötigte

Arbeitspensum liegt, das es innerhalb einer bestimmten Zeit zu erreichen gilt. Man legt fest, in welchem Zeitraum man die nächste Stufe erreichen will, und teilt den dafür benötigten Umsatz auf, damit man klar vor Augen hat, wie viel man jeden Monat schaffen muss. Zusätzlich muss man am Aufbau der unter einem befindlichen Strukturen arbeiten. Man fragt sich also: Reicht meine Mannschaft aus, um diese Zielvorgaben zu erfüllen? Wenn nicht, muss man auch daran verstärkt arbeiten. Man vergrößert also die Manpower und arbeitet parallel daran, die Motivation und Qualifikation der existierenden Mitarbeiter zu erhöhen, so dass mehr Umsatz geschrieben wird und man schließlich die nächste Stufe der Karriereleiter erreicht!

Verschiedene Arten von Zielen

Jeder Mensch ist ein Individuum mit unterschiedlichen Vorlieben und Abneigungen. Und ebenso wie die Persönlichkeit variiert, trifft dies auch auf Ziele zu.

Eine Art und Weise, ein konkretes Ziel auszudrücken, besteht darin, ihm eine bestimmte Summe Geldes zuzuweisen. Etwa: „Ich will in sieben Jahren Millionär sein!“ Darüber hinaus kann man in jedem Lebensbereich Ziele besitzen – und sollte es auch. Übliche Beispiele für Ziele sind:

„In 20 Jahren ein vollständig bezahltes, freistehendes Einfamilienhaus haben!“
„Bis Weihnachten einen Porsche fahren!“
„Bis 30 will ich meine eigene Eigentumswohnung besitzen!“
„In drei Jahren will ich mit meiner Frau zwei Kinder haben!“
„Zu meinem 40. Geburtstag will ich in der Firma Abteilungsleiter sein!“
„Mit 40 will ich finanziell unabhängig sein!“
„Im nächsten Jahr mit meiner Frau auf einem Luxusliner eine Kreuzfahrt machen!“

Ziele müssen – das ist wichtig – positiv formuliert sein. Statt „Ich will all meine Schulden bezahlen!“ solltest Du auf „Ich will ein unbelastetes Vermögen von 50.000 Euro besitzen!“ hinarbeiten. Hier kommt die positive Geisteshaltung ins Spiel, die wir natürlich mit positiven Zielen besser aufrechterhalten.

Ziele sind eine individuelle und persönliche Angelegenheit. Daher darf man es auch nicht zulassen, dass andere einem die eigenen Ziele vorgeben. Das wird nicht funktionieren. Dabei solltest Du wissen, dass Ziele in der Regel mit materiellen Dingen verbunden sind. Esoterische Wünsche wie „Ich will glücklich sein!" oder „Mein Leben soll schön sein!" sind keine wirklichen Ziele, denn sie sind erstens zu ungenau und zweitens mehr eine Einstellungssache. Wenn man sich unglücklich fühlt und diesem Zustand ein Ende setzten möchte, sollte man sich lieber fragen, was man erreichen muss, um wieder glücklich zu sein. So kann man daran arbeiten, das tatsächliche Ziel zu finden.

Erst zielen, dann planen!

Die grundlegende Reihenfolge, um durch Ziele zum Erfolg zu gelangen, lautet:

(1) Ziel(e) festlegen

(2) Etappenziele setzen

(3) Aktionen zum Erreichen der Etappenziele planen

(4) Zielgerichtet handeln

Ein übliche Fehler in diesem Zusammenhang besteht darin, sich ein großes Ziel zu setzen (Schritt 1) und dann zur Planung (Schritt 3) überzugehen. Dadurch kann man leicht überwältigt und demotiviert werden. Das Ziel scheint einfach zu hoch angesetzt und demzufolge unerreichbar zu sein.

Die Kunst besteht darin, sich immer ein kleines Stück weiterzuarbeiten und am Ende schließlich das große Ziel zu erreichen.

Wie man die höchsten Berge erklimmt!

Nachdem das übergeordnete Ziel festgelegt wurde und man sich über die Etappenziele auf dem Weg dorthin klar geworden ist, folgt die exakte Planung der Handlungen. Dies ist er letzte Schritt, bevor man wirklich in Aktion tritt!

Nehmen wir als Beispiel Reinhold Messner, der alle Achttausender der Welt bestiegen hat. Das war sein Ziel. Ein Ziel auf niedrigerer Ebene bildete jeder einzelne Berg. Der Weg bis zur Spitze wurde wiederum in Etappenziele unterteilt. Doch selbst diese Unterteilung musste noch detaillierter ausgefeilt werden, um den Weg bis zur Spitze zu schaffen. Sicherlich hat er sich nicht gesagt: „Welcher Berg ist heute dran? Aha, der Mount Everest. Dann ziehe ich jetzt meine Bergsteigerstiefel an, setze mich ins Auto und fahre los. Ach ja – ein paar Seile muss ich auch noch mitnehmen!" Mit solch einer laienhaften Einstellung wäre er nicht sehr weit gekommen. Als Profi wusste er, was ihn auf jeder Etappe seines Weges erwartete. Er kannte die Wetterverhältnisse, die Beschaffenheit des Gesteins, die Temperaturen und all die anderen wichtigen kleinen Details. Nachdem er sich das übergeordnete Ziel gesetzt hatte, musste er planen. Welchen Weg galt es einzuschlagen? Welche Strecke würde es ihm mit minimalstem Aufwand ermöglichen, bis zur Spitze voranzuschreiten? Welche Ausrüstung war dafür nötig? Wie viele Mitstreiter brauchte er? Und wie soll all das finanziert werden? Ich kann mir vorstellen, dass er über eine ausführliche Checkliste verfügte, die jedes Detail enthielt, das nötig war, um den jeweiligen Berg zu erklimmen.

Auch wir müssen planen, um unsere Ziele zu erreichen. Will man einen Vortrag halten, so muss man wissen, wo und wann dieser stattfinden soll und wen man dazu einlädt. In der Tat sind eine ganze Reihe von Schritten nötig, um in unserer Welt zu einem Produkt zu gelangen. Wenn diese vernünftig geplant sind, kann man anschließend zur Ausführung übergehen und diese ohne Reibungsverluste über die Bühne bringen.

Der Faktor Planung ist ein bei Existenzgründern häufig anzutreffendes Manko. Sie eröffnen ein Geschäft, legen sich kräftig ins Zeug, schaffen es aber nicht, die ersten drei Jahre zu überstehen. Hier kommt die tödliche „Es wird schon irgendwie klappen"-Mentalität ins Spiel, die gewöhnlich darauf hinausläuft, dass nichts mehr klappt! Sie planen nicht detailliert, wie sie ihre Produkte an den Mann bringen und unterlassen es, intelligentes Finanzmanagement zu betreiben. Das Resultat ist Konkurs – je dünner die Finanzdecke ist, umso schneller tritt er ein!

Eine Anmerkung zur Festlegung der Etappenziele

Wenn man als Einzelperson arbeitet – etwa in der Versicherungs- oder Immobilienbranche – teilt man seine Etappenziele linear ein, was bedeutet, dass man sich in jedem Monat die gleiche Produktionsquote setzt, um am Jahresende das Gesamtziel zu erreichen. Wenn Du 60.000 Euro verdienen willst, teilst Du diesen Betrag in 5.000 Euro auf, die monatlich zu verdienen sind. Bei größeren Projekten, die eine Vielzahl von Faktoren beinhalten, sollte man in Betracht ziehen, dass die Entwicklung erst langsamer, dann aber immer schneller vor sich geht. Im Beispiel des weiter oben erwähnten Imbissstubenbesitzers vergeht zwischen der Eröffnung der ersten und zweiten Imbissstube sicherlich mehr Zeit, als vom Sprung von der 49. bis zur 50. Zu Anfang muss man einige Fehlausrichtungen einkalkulieren und auch die Zeit, um Erfahrung zu gewinnen und nicht eingeplante Faktoren in den Griff zu bekommen. Weiterhin muss man potentiellen Franchisenehmern erst einmal beweisen, dass die Idee, die man ihnen anbietet, funktioniert und sich in der Praxis bewährt. Hat man dies erst einmal gemeistert, dann stimmt das Konzept, und der rasanten Expansion steht nichts mehr im Wege.

Leitsätze:

- ❑ Nimm zuerst eine positive Geisteshaltung an, und setze Dir dann Deine Ziele!
- ❑ Ziele sind konkret! Sie sind real! Man kann sie messen! Und daher weiß man auch genau, wann man sie erreicht hat.
- ❑ Formuliere Deine Ziele positiv!
- ❑ Damit Dir der Weg nicht zu lang erscheint, musst Du Dich Schritt für Schritt voranarbeiten!
- ❑ Die Kunst besteht darin, sich immer ein kleines Stück weiterzuarbeiten und am Ende schließlich das große Ziel zu erreichen.
- ❑ Beherzige die grundlegende Reihenfolge, um durch Ziele zum Erfolg zu gelangen:
  (1) Ziel(e) festlegen
  (2) Etappenziele setzen
  (3) Aktionen zum Erreichen der Etappenziele planen
  (4) Zielgerichtet handeln

Selbstprüfung

1. Welche Erkenntnisse habe ich aus dem letzten Kapitel gewonnen?

2. Welche Erkenntnisse lassen sich auf mein Leben übertragen?

3. Womit beginne ich sofort?

2. Treffsichere Zielausrichtung

Viele Menschen glauben, dass sie alles zum Thema Ziele wüssten und sich daher nicht mehr die Mühe machen müssten, mehr darüber zu erfahren. Dabei verwechseln sie Ziele mit Träumen und erleiden Fehlschläge.

Damit will ich nicht andeuten, dass Träume negativ wären, ganz im Gegenteil. Träume, Phantasie und Wünsche geben uns Antrieb, lassen uns etwas in die Zukunft setzen, für das es sich zu leben lohnt. Sie entspringen dem innersten Kern der menschlichen Seele. Wenn man jemandem all seine Träume rauben würde, ihm keinen Freiraum für Phantasie lassen und seine Wünsche im Keim ersticken würde, hätte man ihn zu Fall gebracht. Glücklicherweise ist dies fast unmöglich.

Dennoch existiert ein großer Unterschied zwischen Träumen und Zielen, der Uneingeweihten nicht bekannt ist:

Träume sind allgemeine Vorstellungen davon, was sein könnte.
Ein Ziel hingegen ist genau festgelegt, zeitlich umrissen und dergestalt formuliert, dass Handlungen daraus erwachsen können!

Der Unterschied mag nicht groß erscheinen. Wie weit die Kluft zwischen Traum und Ziel wirklich ist, zeigt erst die Praxis. Wenn ein Bogenschütze bei einem Turnier nur davon träumt zu gewinnen und den Pfeil irgendwie in Richtung der Zielscheibe lenkt, wird er wahrscheinlich nicht treffen. Treffsichere Zielausrichtung hingegen ist exakt und trifft genau ins Schwarze!

Im Leben sind es oft nur kleine Abweichungen,
die den Unterschied zwischen Sieg und Niederlage ausmachen!
Der Traum vom großen Geld und der steilen Karriere wird
sich erst dann erfüllen, wenn man ihn in als konkretes,
zeitlich fixiertes Ziel formuliert und dann handelt.

Jede Reise beginnt mit dem ersten Schritt

Wie am Ende des letzten Kapitels erwähnt, mag man seinem Ziel zu Beginn nur langsam näherkommen. Davon darf man sich aber keineswegs demotivieren lassen.

Jede Reise beginnt mit dem ersten Schritt. Das Ziel erreicht man nur, wenn man immer weitergeht, bis man es erreicht hat!

Das ist eine simple, aber dennoch äußerst wichtige Tatsache.

Ich habe viele Menschen kennengelernt, die etwas Neues „versucht" haben. Sie verfügten über keine konkreten Ziele, hatten aber eine grobe Idee davon, was sie erreichen wollten. Aufgrund der fehlenden Zielausrichtung verfügten sie aber nicht über die Energien, die nötig waren, um über die ersten Schritte auf dem Weg zum Ziel hinwegzukommen und weiterzugehen. Stattdessen versuchen sie immer wieder etwas anderes, wechseln von einem Tätigkeitsfeld zum nächsten und wundern sich heute noch, warum sie niemals wirklich erfolgreich sind. Dabei ist dies kein Wunder: Sie gehen den Weg einfach nicht bis zum Ende!

Man erreicht ein Ziel nur, wenn man den Weg dorthin bis zum Ende geht!

Ein Student, der alle drei oder vier Semester in eine neue Fachrichtung wechselt, ohne jemals einen Abschluss zu erreichen, könnte 20 Jahre lang die Universität besuchen, ohne es jemals zu etwas zu bringen. Wenn jemand alle zwei Jahre den Beruf wechselt, weil er ihm „nicht mehr gefällt", muss er sich nicht wundern, warum er niemals ein Profi in einem Fachgebiet wird und irgendwie nicht vorankommt. Er selbst ist es, der sich immer wieder von neuem auf die Startposition begibt, anstatt bis zum Ziel weiterzulaufen!

Somit beginnt jede Reise mit dem ersten Schritt. Um sie abzuschließen muss man aber weitergehen, bis man das Ziel erreicht!

Man kann auch dann einen Fehlschlag erleben, wenn man das Etappenziel für den ersten Schritt zu hoch ansetzt oder gar keine Etappenziele anvisiert, sondern direkt auf das Endziel zugeht. Nehmen wir als Beispiel einen Leichtathlet, der die Goldmedaille im Hochsprung gewinnen will. Er weiß, dass er mehr als 2,40 Meter springen muss, um das zu erreichen. Wenn seine aktuelle Bestleistung bei 2,10 Meter liegt, muss er planen, wie er innerhalb von beispielsweise zwei Jahren die 2,40 Meter erreicht. Doch er erreicht dieses Ziel im Etappen! Die falsche Vorgehensweise wäre, die Latte auf 2,40 Meter zu legen und immer wieder zu versuchen, diesen Wert zu schaffen. Nach einigen Hundert Sprüngen wäre er ziemlich demotiviert. Die richtige Herangehensweise bestände darin, einen entsprechenden Trainingsplan auszuarbeiten, diesen durchzuführen, und sich für jeden Monat ein Etappenziel für eine neue Rekordhöhe zu setzen!

Neuausrichtung von Etappenzielen

Wie schon erwähnt, dienen Etappenziele dazu, am Ende das Gesamtziel zu erreichen. Mit jedem Etappenziel, das wir erreichen, können wir einen kleinen Erfolg verzeichnen, der letzten Endes im großen Erfolg mündet.

Unter gewissen Umständen mag es nötig sein, Etappenziele zu verändern, nämlich wenn man seine Vorgaben weit übertrifft oder sie nicht annähernd erreicht.

Der erste Fall ist ideal. Man legt fest, dass man im Jahr 60.000 Euro verdienen will, teilt dies in 5.000 Euro pro Monat auf, hat aber schon nach vier Monaten 40.000 Euro verdient! Phantastisch! Man hat seine kühnsten Erwartungen übertroffen! Würde man nun weiterhin auf 60.000 Euro Gesamtverdienst im Jahr hinsteuern, müsste man seine Aktivitäten reduzieren, was sich nicht mit unserer Absicht deckt. Ergo muss man seine Ziele neu ausrichten und seine Erwartungen höher stecken! Bei größeren Projekten, die gewisse Vorlaufzeiten erfordern – etwa für Genehmigungen – mag dies nicht immer realisierbar sein. Hier gilt es, gewitzt zu sein und Wege zu finden, den gewonnen Boden zu sichern und über das ursprüngliche Ziel hinauszuschießen.

Wenn man mit der Zeit immer weiter hinter seine Etappenziele zurückfällt und auch keine Möglichkeit in Sicht ist, das Endziel wie vorgesehen zu erreichen, ist es klug, seine Zielvorgaben zu reduzieren. Ansonsten hat man niemals auch nur den geringsten Erfolg zu verzeichnen und verliert immer mehr an Motivation.

Doch betrachten wir als nächstes, wie Ziele Dir einen energiegeladenen Motivationsschub verpassen können.

Leitsätze:

❑ Träume sind allgemeine Vorstellungen davon, was sein könnte. Ein Ziel hingegen ist genau festgelegt, zeitlich umrissen und dergestalt formuliert, dass Handlungen daraus erwachsen können!

❑ Im Leben sind es oft nur kleine Abweichungen, die den Unterschied zwischen Sieg und Niederlage ausmachen!

❑ Der Traum vom großen Geld und der steilen Karriere wird sich erst dann erfüllen, wenn man ihn in als konkretes, zeitlich fixiertes Ziel formuliert und dann handelt.

❑ Sowohl Träume, wie auch Ziele sind wichtig. Nur: Ohne Ziele werden sich Deine Träume niemals erfüllen!

❑ Man erreicht ein Ziel nur, wenn man den Weg dorthin bis zum Ende geht!

Selbstprüfung

1. Welche Erkenntnisse habe ich aus dem letzten Kapitel gewonnen?

2. Welche Erkenntnisse lassen sich auf mein Leben übertragen?

3. Womit beginne ich sofort?

3. Ziele als Motivationsschub

Ziele sind eine der fünf Schlüsselkomponenten für Erfolg. Während wir bereits einiges zu diesem Thema behandelt haben, dürfen wir einige weitere, damit in Zusammenhang stehende Faktoren, nicht ungenannt lassen. Einer davon ist die Entstehung eines Ziels ...

Inspiration: Die Geburtsstunde eines Zieles!
Ziele sind Teil der Lebenskraft des Menschen und kein materieller Gegenstand. Daher unterliegen sie auch nicht den im Universum um uns herum anwendbaren Newton'schen Gesetzen. Man muss nichts bestimmtes essen, um sich ein Ziel zu setzen, noch irgendetwas tun.

Alles, was man benötigt, um sich ein neues Ziel zu schaffen, ist die Entscheidung!

Das mag auf den ersten Blick recht einfach erscheinen. In der Tat ist es das auch. Man muss sich nur entscheiden, etwas zu erreichen und diese Entscheidung trotz aller Hindernisse aufrechterhalten, und man wird sein Ziel erreichen!

Das führt uns zu einer weiteren Frage: Was muss geschehen, damit man eine solche Entscheidung trifft?

Das ist in der Tat sehr unterschiedlich. Oft reicht es, einen Film im Kino zu sehen oder etwas in der Zeitung zu lesen, um zu sich selbst zu sagen: „Verdammt nochmal, das mache ich auch!“ Manchmal fällt die Entscheidung auch aufgrund von großem Unrecht, das man beobachtet und dem man ein Ende setzen will.

Doch betrachten wir ein paar tatsächliche Vorfälle inspirativer Zielsetzung.

Die Gottschalk-Inspiration
Schon in jungen Jahren war der sprachgewandte Blondschopf Thomas Gottschalk ein außergewöhnlicher Mensch. Seine auffallendste Eigenschaft war, dass er frech, frisch, frei und fröhlich reden konnte. Damit stieß er bei den eher konservativen Medien zu Anfang seiner Karriere auf einige Hinder-

nisse. Er passte einfach nicht zu den beherrscht und mit Bedacht artikulierenden Radiosprechern der Siebzigerjahre. Doch dann geschah etwas, was den Beginn seiner Karriere bedeuten sollte. Er hörte einen englischen Piratensender, der gute Musik machte und bei dem die Menschen, wie er es ausdrückte, „ganz normal gesprochen haben". Das inspirierte ihn, seine besondere Fähigkeit umzusetzen. Er sagte: „Das will ich auch machen!" Und so geschah es. Zunächst im Radio, später beim Fernsehen. Inzwischen ist er einer der Spitzenreiter des deutschen Fernsehens und uns allen gut bekannt. Aber all das begann mit der Geburtsstunde seines Zieles, Medienunterhaltung auf seine Art zu verwirklichen!

Nebenbei bemerkt: Gottschalk hat übrigens auch eine ganz besondere Methode, negative Einflüsse von sich zu halten, wie er einmal im Fernsehen zu Alfred Biolek sagte: „Je mehr man sich da in diesem Geschäft Gedanken über sich selber macht, desto mehr kommt man in den Wald. Man liest dann Dinge, die einen plötzlich beunruhigen und denkt – die Leute freuen sich, dass ich natürlich bin. Plötzlich muss ich also darauf achten, wirklich natürlich zu sein. Das ist Quatsch. Man muss sich da keine Gedanken machen. Je mehr man liest und je mehr man gesagt kriegt, desto schlechter ist es."

Ein visionäres Seminar

Ich selbst traf eine der wichtigsten Entscheidungen meines Lebens bei meinem ersten Seminar im Strukturvertrieb mit dem Thema „Geld und Karriere". Damals referierte ein 23-jähriger, junger Bursche auf so brillante Weise, dass ich mir zum Ziel setzte, es ihm gleichzutun, beziehungsweise ihn sogar noch zu übertreffen. Er schaffte es durch seine glaubhafte und überzeugende Art, in mir die Einstellung zu wecken, dass auch ich es schaffen werde. Das war die Inspiration! Die Vision! Von jetzt auf gleich hatte ich ein neues Ziel, das mich über Jahre hinweg beflügelte und zu neuen Höchstleistungen anspornte. Das war das Samenkorn, welches das Wachstum meines Vermögens und meinen Aufstieg auf der Karriereleiter vorantrieb. Es galt natürlich noch, diesen ursprünglichen Impuls genau zu definieren und in ein zeitliches Raster einzupassen, aber dies war die Geburtsstunde meiner Motivation.

Mitte 1999, als ich an einer Motivationsveranstaltung von Jürgen Höller teilnahm, wurde ich wiederum inspiriert. Diesmal nicht so sehr dahingehend, in der Finanzdienstleistungsbranche erfolgreich und vermögend zu werden, sondern mich selbst als Motivationstrainer zu betätigen und andere Menschen zu inspirieren. Interessanterweise hatte ich mich mit dem Gedanken schon früher beschäftigt, mich dann aber selbst davon abgehalten, indem ich mir einredete, es gäbe auf dem deutschen Markt keine Nachfrage nach solch einem Produkt. Während des eben erwähnten Seminars wurde mir schlagartig klar, dass ich mich geirrt hatte, und Deutschland in Wirklichkeit einen enormen Bedarf an Motivation hat. Und schon traf ich die Entscheidung und besaß ein neues Ziel!

Das ist übrigens – nebenbei bemerkt – die Aufgabe von Motivationstrainern: Menschen wachzurütteln und dazu zu inspirieren, sich neue Ziele zu setzen!

Ziele als zweischneidiges Schwert

Während Dir Ziele vor allem als Motivationsschub dienen sollen und sie dazu angetan sind, Dir die Energie zu verleihen, die Du zum Vorwärtskommen benötigst, ist ihr Fehlen fatal! Keine Ziele, ergo keine Energie und keine Motivation!

Ich selbst habe das in dem Moment erlebt, als ich 1996 all meine drei Vertriebsorganisationen verkauft hatte. Die vorherigen wirtschaftlichen Fehlentscheidungen hatte ich eher schlecht als recht überstanden, und meine Motivation war auf einem Tiefpunkt angelangt. Es gab für mich keine Ziele mehr. Alles, was ich wollte, war meine Ruhe. Wenn ich mich morgens aus dem Bett quälte, hatte ich keine Ahnung, was mir die Zukunft bringen würde. Von Zukunftsvisionen und unbändigem Elan keine Spur. Ich lebte einfach in den Tag hinein, ohne klare Vorstellungen davon, wohin mich mein Weg führen würde. Zwangsläufig fühlte ich mich so, als ob ich in einem riesigen Labyrinth umherlaufen würde, ohne eine Idee, wie ich dem entrinnen sollte.

Offensichtlich hatte ich mit meinen Firmen auch meine Ziele verkauft. Schlimmer noch: Ich hatte nicht einmal Lust, mir neue Ziele zu setzen, weil ich Tag und Nacht damit beschäftigt war, mir über all das, was ich verloren hatte, Gedanken zu machen. Ich bereute meine Fehlentscheidungen und legte eine überaus negative Geisteshaltung an den Tag. Ergo konnte mich auch nichts motivieren oder dazu bringen, mich aufzuraffen und wieder von vorne anzufangen.

Schließlich und endlich habe ich es dann aber doch geschafft und mich am eigenen Schopfe aus dem Sumpf gezogen und mir neue Ziele gesetzt. Dabei habe ich folgendes gelernt:

1. *Der Mensch verfügt über ungeheure Energiereserven. Manchmal scheinen sie verbraucht zu sein, doch ist das eine Täuschung. Sie schlummern nur im Verborgenen und warten darauf, wieder aktiviert zu werden.*

2. *Der einzige, der sie aktivieren kann, ist man selbst. Natürlich können andere einem dabei helfen. Aber derjenige, der den Schalter letztendlich umlegt und den Energiefluss wieder in Gang bringt, ist man selbst.*

3. *Man aktiviert seine Power, indem man sich Ziele setzt und sich entscheidet, diese zu erreichen, komme was wolle! Hierzu ist Zähigkeit und eine gehörige Portion Durchhaltevermögen nötig. Aber: Wenn Du es wirklich willst, schaffst Du es!*

Dale Carnegie schrieb nicht umsonst: „Heute ist der erste Tag vom Rest Deines Lebens!“ Damit wollte er uns nicht darauf hinweisen, dass es jetzt nur noch einen Rest Leben gibt (was eine negative Einstellung wäre), sondern darauf, dass wir gerade jetzt, hier und heute, am Anfang stehen und aufs Neue loslegen können.

Während der Hauptrollenspieler Kevin Spacey in dem Film American Beauty darauf hinwies, dass Carnegies obige Aussage für jeden Tag des Lebens gilt, außer für den letzten, habe ich eine weit positivere Variante des Umgangs mit dem „Rest des Lebens“ erfahren.

Es bleiben Dir noch genau fünf Jahre!

Im Rahmen meiner Karriere im Strukturvertrieb besuchte ich einmal ein Schulung, während derer der Trainer jedem der Teilnehmer folgende Aufgabe stellte: „Angenommen, Du erfährst vom Arzt, dass Du auf den Tag genau noch fünf Jahre zu leben hättest. Was genau würdest Du mit diesen fünf Jahre machen?“ Er bat uns, die Antwort auf ein Blatt Papier zu schreiben.

Ich denke, das ist eine sehr interessante Aufgabe, die ich Dir an dieser Stelle nicht vorenthalten möchte. Bevor ich erzähle, was bei dieser Schulung geschah, möchte ich, dass Du aufschreibst, was Du machen würdest, wenn Du noch genau fünf Jahre zu leben hättest. Lese erst dann weiter, wenn Du das aufgeschrieben hast!

Nun zurück zum Ergebnis der damaligen Schulung. Was glaubst Du, haben die meisten Teilnehmer geantwortet? Sofort aufhören zu arbeiten und das Leben genießen!

Meine Antwort sah wie folgt aus: Drei Jahre voll Gas geben, also wie verrückt arbeiten, um so viel Geld wie möglich zu verdienen, und die restlichen zwei Jahre das Leben so zu genießen, wie ich es mir schon immer erträumt habe.

Das Ziel ist dabei das gleiche: das Leben zu genießen. Aber der Weg ist anders. Ich glaube kaum, dass jemand der damals Anwesenden über genug Reserven verfügt hat, um fünf Jahre lang ohne Verdienst Leben zu können. Es mangelte ihnen also an Voraussicht oder Organisationstalent. Wenn sie in der Tat sofort aufgehört hätten zu arbeiten, um ihre letzten fünf Jahre zu „genießen", wären das sehr arme Jahre gewesen. Sie hätten weder die Genugtuung erfolgreicher Arbeit verspürt, noch genug Geld zum Leben gehabt.

Interessant ist meines Erachtens vor allem die Einstellung, nicht einfach ins Blaue hinein zu planen, sondern sich der Zukunft und ihrer Möglichkeiten bewusster zu werden. Das ist der besondere Kick, den man daraus zieht, wenn man die nächsten Jahre seines Lebens bewusst betrachtet.

Mit unserer positiven Geisteshaltung und unseren Zielen verfügen wir bereits über ein ungeheures Machtpotential, das uns um Lichtjahre nach vorne bringt. Doch all das verblasst im Schatten der nächsten Erfolgskomponente, der wir uns im folgenden Kapitel zuwenden wollen.

Leitsätze:

- ❑ Alles, was man benötigt, um sich ein neues Ziel zu schaffen, ist die Entscheidung!
- ❑ Man muss sich nur entscheiden, etwas zu erreichen und diese Entscheidung trotz aller Hindernisse aufrechterhalten, und man wird sein Ziel erreichen!
- ❑ Die Aufgabe von Motivationstrainern besteht darin, Menschen wachzurütteln und dazu zu inspirieren, sich neue Ziele zu setzen!
- ❑ Du verfügst über ungeheure Energiereserven, die sich niemals erschöpfen!
- ❑ Du bist der einzige, der Deine Energie freisetzen kann.
- ❑ Wenn Du etwas wirklich willst, wirst Du es erreichen!

Selbstprüfung

1. Welche Erkenntnisse habe ich aus dem letzten Kapitel gewonnen?

2. Welche Erkenntnisse lassen sich auf mein Leben übertragen?

3. Womit beginne ich sofort?

III. Erfolgsfaktor Glaube

1. Der Glaube kann nicht nur Berge versetzen

Vor langer, langer Zeit berieten sich die Götter, um zu entscheiden, wo sie die größte Kraft des Universum verstecken sollten, und zwar so, dass der Mensch sie nicht finden würde, bevor er reif war, sie verantwortungsbewusst zu verwenden. Ein Gott schlug vor, sie auf dem Gipfel des höchsten Berges zu verbergen. Doch die Götter erkannten, dass der Mensch zu schnell in der Lage sein würde, diesen Berg zu besteigen und die Kraft zu finden. Ein anderer Gott empfahl, die Kraft auf dem Grund des Meeres versenken zu lassen. Doch auch hier schien nicht hinreichend dafür gesorgt zu sein, dass der Mensch sie erst dann finden würde, wenn er die nötige Reife erworben hätte. Schließlich sprach der weiseste aller Götter: „Ich weiß, was zu tun ist. lasst uns die größte Kraft des Universums dort hinbringen, wo der Mensch als letztes suchen wird und sie erst finden kann, wenn er dazu reif ist!“ Die anderen Götter stimmten ihm zu. Und so versteckten die Götter die größte Kraft des Universums ... im Menschen selbst![22]

Und dort befindet sie sich noch immer und wartet darauf, dass Du von ihr Gebrauch machst. Und worum handelt es sich bei dieser Kraft? Um den Glauben!

Der Glaube kann Berge versetzen
Der Glaube ist in der Tat eine mächtige Kraft, ein Faktor, der den Menschen zu ungeahnten Leistungen anspornt. Und die Aussage, dass er Berge versetzen kann, wurde in der jüngsten Vergangenheit tatsächlich bewiesen.

Man hat nicht etwa die Zugspitze nach Norwegen versetzt, um die Kraft des Glaubens unter Beweis zu stellen. Der Nutzen würde den Aufwand nicht rechtfertigen. Doch ist es tatsächlich schon vorgekommen, dass Menschen komplette Berge „versetzt“ haben, indem sie ihre technischen Fertigkeiten bis zum Extrem einzusetzen wussten.

[22] *Quelle: Jürgen Höller, Sprenge Deine Grenzen, Düsseldorf/München, 1999^{5}, Seite 24*

Die Geschichte des Ertsbergs

Im Dezember 1936 entdeckte der Geologe Jean-Jacquez Dozy in der Dschungellandschaft Irian Jayas, einer westlichen Provinz Neuguineas, den Ertsberg. Es handelte sich dabei um einen der reichsten Funde an Gold- und Kupfererz. Allerdings geriet diese Entdeckung zunächst in Vergessenheit. Erst im Juni 1960 wurde der Berg von der Freeport-Expedition unter Leitung von Wilson Forbes und Del Flint „wiederentdeckt". Die Situation war jedoch verzwickt: Obwohl es sich hier um eine wahre Goldgrube handelte, einen unglaublichen Fund, fand man sich gleichzeitig mit schier unlösbaren Problemen konfrontiert. Zum einen war die politische Situation der Region zu nennen. Die Region, die sich zunächst noch unter niederländischer Herrschaft befand, wurde 1963 an die UN übergeben, die sie an Indonesien abtrat. Und die indonesische Regierung war ausländischen Investoren zunächst nicht gerade freundlich gesonnen. Erst ein Regierungswechsel im März 1966 brachte die Wende. Es wurden Verträge geschmiedet und die rein politischen und vertraglichen Voraussetzungen für den Erzabbau geschaffen. Doch damit fingen die wirklichen Schwierigkeiten erst an – es galt den Kampf mit der Natur aufzunehmen!

Der Ertsberg befand sich mitten im Dschungel der Insel, fernab jeglicher Infrastruktur. Der nächste Hafen war meilenweit entfernt. Statt Straßen gab es nur Sumpf und Busch. Eines war klar: Hier waren technologische Höchstleistungen gefordert, um ein Produkt zu erzielen! Ein amerikanisches Unternehmen, das dafür bekannt war, scheinbar unlösbare Aufgaben zu lösen, wurde engagiert und damit beauftragt, den Erzabbau des Ertsbergs zu ermöglichen. Und damit begann ein Abenteuer, das in der Geschichte der Ingenieurwissenschaften seinesgleichen sucht.

Zunächst wurde eine Straße vom Meer zum Berg gebaut. Während man an einem Tag teilweise bis zu 200 Meter vorankam, versank die Hälfte der Straße wieder im Schlamm. Weiterhin galt es, in unwegsamem Gelände und über Berge voranzukommen – wobei darauf geachtet werden musste, dass die Steigung die Leistung der riesigen LKWs nicht überstieg. Insgesamt dauert es etwa ein Jahr, den Weg zum Ertsberg befahrbar zu machen, wobei die Kosten in Milliardenhöhe lagen! Und noch immer war kein Gramm Erz abgebaut worden.

Schließlich galt es, das Erz zu gewinnen und zum Meer zu befördern. Eine Kostenanalyse ergab, dass es zu teuer sein würde, das Erz mit LKWs bis zur Küste zu fahren. Also lösten die Ingenieure das Problem, indem sie die Schwerkraft ausnutzten und das Erz mehr oder weniger vom Berg „herunterrutschen" ließen. Der Abbau des Erzes an sich stellte außergewöhnliche Anforderungen an Mensch und Maschine. Auf dem Berg selbst wurde 25 Tonnen schwere LKWs eingesetzt, um das Erz zu transportieren. Allein die Reifen dieser Giganten waren höher als ein Mensch. Ganz zu schweigen von den immer wieder aufziehenden Nebeln, die die Sicht auf wenige Meter reduzierten und die Arbeit noch mehr erschwerten.

Trotz all dieser Schwierigkeiten wurde der gesamte Ertsberg abgetragen. Das Unternehmen war – finanziell und wirtschaftlich betrachtet – ein voller Erfolg. Der Mensch hatte seinen Siegeszug über die Natur gewonnen! Und wie war das möglich gewesen? Weil der Glaube Berge versetzen kann![23]

Religiöser Glaube

Die Stärke des Glaubens erkennt man auch, wenn man sich die vergangenen und gegenwärtigen Religionen betrachtet. Es ist phantastisch, was Menschen über sich haben ergehen lassen und zu welchen Handlungen sie fähig waren, nur aufgrund ihres Glaubens. Nehmen wir als Beispiel die alten Christen. Sie wurden verfolgt, gekreuzigt, im römischen Zirkus den Löwen zum Fraß vorgeworfen und mussten sich jahrhundertelang in Katakomben verstecken. Heute ist das Christentum eine der vorherrschenden Weltreligionen!

Auch heute sieht man den Einfluss des Glaubens auf die Menschen. Als ich vor Jahren eines Samstags durch Dortmund fuhr, kam ich vor den Westfalenhallen in einen riesigen Verkehrsstau. Ich war verwundert, denn Borussia Dortmund spielte an diesem Wochenende nicht. Später fand ich heraus, dass die Zeugen Jehovas ihr alljährliches Treffen abhielten. Rund 70.000 Menschen machten sich auf dem Weg zu einem Treffen, wegen einem Gott (Jehova), den sie noch nicht einmal gesehen haben! Eine Bewegung von Menschen, vergleichbar fast mit der Pilgerung der Moslems nach Mekka.

[23] *Quellen: Volker Schneider/Jürgen Rühle, WDR-Fernsehreportage „Kupfer aus Neuguinea – Die Eroberung des Ertsbergs in der Provinz Irian Jaya, in der Westhälfte Neuguineas als technischer Siegeszug über die Natur", 1983. Homepage of Freeport-McMoRan Copper & Gold Inc.*

Während ich nicht beabsichtige, Dich zu einem religiösen Menschen zu machen oder über irgendeine Religion zu urteilen, wollte ich diese Beispiele dennoch nicht unter den Tisch kehren, denn sie zeigen, wie der Glaube Handlungen verursacht! Und das ist ein absolut wichtiger Faktor in Richtung Erfolg!

Der Glaube verursacht Taten!

Man kann zu einer Religion stehen, wie man will. Das ist eine Angelegenheit, bei der das Grundgesetz freien Handlungsspielraum einräumt. Für uns ist im Rahmen dieses Buches nur interessant, wie sehr der Glaube einen Menschen beflügelt, ihn motiviert und zu Handlungen bewegt. Und diesen Aspekt müssen wir nutzen!

Dabei kommt es auch nicht auf den augenblicklichen Ist-Zustand an, in dem man sich befindet. Schier aussichtslos scheinende Situationen bildeten schon oft das Fundament für außergewöhnliche Erfolge.

Der Glaube durchbricht alle Schranken!
So gab es einmal in den Vereinigten Staaten ein kleines schwarzes Mädchen, das zusammen mit elf anderen Geschwistern lebte. Die alleinerziehende Mutter schaffte es kaum, die Familie zu ernähren, und so wuchs das kleine Mädchen in tiefster Armut auf. Doch es kam noch schlimmer: Eines Tages erkrankte das Mädchen an Kinderlähmung und konnte bald nicht mehr laufen. Wenn andere Kinder auf dem Spielplatz herumkletterten, war es gezwungen, zuzuschauen. Es war ihr auch nur ein schwacher Trost, dass ihre Geschwister sie in einem Handkarren durch die Gegend fuhren. So entbrannte in diesem Mädchen der Wunsch, eines Tages wieder laufen zu können. Doch was tun? Die finanzielle Situation machte eine klinische Behandlung unmöglich. Von den beschränkten medizinischen Möglichkeiten der damaligen Zeit ganz abgesehen.

Irgendwann einmal hörte die Mutter von einem Arzt in einer anderen Stadt, der Kinder, die in ärmlichen Verhältnissen lebten, kostenlos behandelte. Sie setzte ihre Tochter in einen Handkarren und zog sie – drei Tage und drei Nächte lang – über staubige Straßen hinter sich her, um diesen Arzt aufzusuchen. Voller Hoffnung fragte sie den Arzt, ob er ihrer Tochter helfen könne. Der Arzt bejahte das und gab ihr zwei passende Krücken. Als die Mutter diese sah, sagte sie: „Das ist nicht das, was ich meinte. Meine Tochter soll wieder richtig laufen können!“ Der Arzt schüttelte den Kopf und versuchte der Mutter klarzumachen, dass ihre Tochter aufgrund der Schwere der Lähmung nie wieder würde Laufen können. Das war ein furchtbarer Rückschlag. Aber weder Mutter noch Tochter verloren ihre Hoffnung. Schließlich entschied sich die Mutter dazu, es mit Massagen zu versuchen. Monatelang massierte sie die Beine ihrer Tochter und rieb sie mit Kräutern ein, jeden Tag mehrere Stunden lang, bis eine Verbesserung eingetreten zu sein schien. Erneut machten sie sich auf den Weg zum Arzt, dessen Diagnose lautete: „Es tut mir leid, ich kann keine Verbesserung feststellen! Sie sollten sich keine falschen Hoffnungen machen.“ Doch hatte er nicht mit der Willenskraft und dem Glauben der beiden Frauen gerechnet. Die Mutter setzte ihre Massagen fort, und eines Tages konnte das Mädchen – wenn auch mit etwas Hilfe – wieder stehen. Mit der Zeit konnte sie ihre Beine wieder fühlen und bewegen, bis sie schließlich sogar enorm schnell laufen konnte. Es schien so, als wolle sie all die Schritte und Sprünge, die sie nicht hatte machen können, in kürzester Zeit nachholen. Schließlich startete sie eine Karriere als Profi-Sportlerin und wurde 1960 Olympiasiegerin über 100 Meter, 200 Meter und beim Staffellaufen! Und auch heute ist Wilma Rudolph vielen Leichtathletikbegeisterten als „Schwarze Gazelle“ ein Begriff![24]

Doch was war es, das sie ihre Krankheit überwinden ließ und zu solchen Höchstleistungen anspornte? Ihr Glaube, der sich in einem eisernen Willen ausdrückte, es allen Umständen und Widrigkeiten zum Trotz zu schaffen!

Aber der Glaube ist nicht nur im Land der unbegrenzten Möglichkeiten wirksam. Auch hier in Deutschland, sozusagen direkt vor unserer Haustür, hat der Glaube der Menschen ein Wunder bewirkt.

Der Fall der Mauer

Jahrzehntelang war die Regierung der Deutschen Demokratischen Republik in der Lage, die Bevölkerung ihrer Nation unter ihrer Staatsgewalt zu knebeln. Mit Propaganda und teilweise auch mit Gewalt, wurden die Bürger in Schranken gehalten. Und das allgegenwärtige Symbol der Begrenzung menschlicher Freiheiten stellte die Mauer dar.

[24] *Quelle: Jürgen Höller, Sprenge Deine Grenzen, Düsseldorf/München, 1999[5], Seite 27f*

Nach ihrer Fertigstellung war es nur relativ wenigen Menschen gelungen, aus der DDR zu fliehen. All den anderen wurde das Recht auf Bewegungsfreiheit entzogen. Doch das Streben nach Freiheit, der Glaube daran, ist so tief im Menschen verwurzelt, dass man ihn niemals besiegen kann, weder mit Gesetzen, Panzern, Polizei, Selbstschussanlagen, noch mit Drohungen oder Zwang! Der Glaube ist die unbändige Kraft, die den Menschen zu unglaublichen Taten verleitet!

Nachdem der Glaube an Freiheit unter den Bürgern der DDR zunächst nur im verborgenen keimte, fassten sie eines Tages den Mut, an die Öffentlichkeit zu gehen. Sie marschierten tagelang, und ständig wurde es mehr. „Wir sind das Volk!“[25] riefen sie und strebten größere Freiheit an. Ursprünglich ging es ihnen vor allem um die Reisefreiheit. Als diese schließlich von der Regierung gewährt wurde, ging man einen Schritt weiter und erreichte 1990 die Wiedervereinigung.

Geschichtsbücher mögen in der Zukunft auf die Leistung des damaligen Bundeskanzlers hinweisen, der die Gunst der Stunde nutzte und die Wiedervereinigung initiierte. Aber in Wahrheit war es der Glaube der Menschen, der dies erst möglich machte! Der Glaube kann also nicht nur Berge versetzen, den Körper heilen, sondern auch Nationen wieder zusammenführen!

Der gewaltlose Sieg des Mahatma Gandhi

Der 1869 geborene Mohandas Karamchand Gandhi, uns besser bekannt als Mahatma Gandhi, war auf vielerlei Art ein besonderer Mann. Neben seiner umfangreichen juristischen Bildung als Anwalt, trat er sehr früh für die Rechte seiner Landsleute, der Inder, ein. Zunächst in Südafrika und später in Indien selbst. Seine Vision des gewaltlosen Widerstands zur Durchsetzung politischer Ziele war so neu, dass das britische Empire, das gewöhnlich nach dem Prinzip Gewalt gegen Gewalt gehandelt hatte, nach jahrelangen Auseinandersetzungen schließlich verlor und seine Kolonie Indien aufgab.

Das mag sich zunächst einfach anhören und scheint Gandhi nicht viel abverlangt zu haben. Wenn man sein Leben aber genauer betrachtet, stellt man fest, dass er 2.089 Tage (also insgesamt mehr als fünf Jahre) im Gefängnis

[25] *Interessanterweise bedeutete das Wort* deutsch *ursprünglich* Volk *oder* volksmäßig, dem Volke eigen. *„Wir sind das Volk!“ ist also im Grunde gleichbedeutend mit „Wir sind* Deutsche*!“*

verbrachte. Ganz abgesehen davon, wie viel Mut es erfordert haben muss, gegen die schwerbewaffneten britischen Soldaten zu bestehen.

Wie hat er das fertig gebracht? Woher nahm er die Kraft, seine gesetzten Ziele zu erreichen? Aus seinem Glauben! Seine gesamte Philosophie, seine enthaltsame Lebensführung und seine Motivation zur Durchsetzung dieser Überzeugung waren tief im Glauben seiner hinduistischen Religion verwurzelt. Das war seine wirkliche Energiequelle, die er auf außergewöhnliche Weise zu nutzen verstand. Selbst nach seinem Tod lebte sein Traum fort und inspirierte andere Freiheitskämpfer, wie etwa Martin Luther King.

Glaube kontra Naturwissenschaft

In unserer modernen und materialistischen Zeit ist der Faktor Glaube mehr und mehr von der Bildfläche verschwunden. Wir leben in einer Welt, die von Naturwissenschaft und Technik dominiert wird. Computer, Autos, Maschinen, Handys und derlei Errungenschaften des 20. Jahrhunderts bestimmen unser Leben. Ein Mensch wird hauptsächlich nach dem bewertet, was er besitzt, nicht nach dem, was er ist. Und Erscheinungen, die man nicht messen kann, werden als unreal abgetan.

Ich selbst halte mich für einen recht bodenständigen Menschen und glaube nicht alles, was mir gesagt wird. Ich will Fakten hören und Beweise sehen. Aber die Tatsache, dass niemand den Glauben messen kann, ist für mich noch lange kein Grund, seine Existenz zu verleugnen.

Das, was mir zeigt, dass er existiert, ist das, was er erzielt. Menschen, die an etwas glauben, sind moralischer, hingebungsvoller, produktiver und erfolgreicher als jene, die an nichts glauben. Und das ist etwas, was man sehr wohl messen kann!

Um erfolgreich zu sein, musst auch Du Dir die Macht des Glaubens zu eigen machen. Es ist erforderlich, dass Du an Dich und das, was Du erreichen willst, glaubst. Das ist die Quelle Deiner Motivation.

Wenn Du fest daran glaubst, dass Du es schaffst,
dann schaffst Du es!

Es ist kein sehr kompliziertes Prinzip. Man kann damit keinen Nobelpreis gewinnen. Es ist einfach. Aber äußerst machtvoll! Und es steht in der Tat weit über den Naturgesetzen!

Mit dieser Aussage will ich die Naturwissenschaften weder verdammen, noch ihre Errungenschaften schmälern. Die Möglichkeiten, die sie uns geschaffen haben, sind außergewöhnlich. Wir können heute mit Menschen sprechen, während sie 20.000 Kilometer von uns entfernt sind. Die Reise über den Atlantik dauert nur noch ein paar Stunden. Und über das Internet steht uns eine Fülle an Informationen zur Verfügung. Aber all das hat mit dem Glauben begonnen. Er war und ist der Auslöser von all dem. Entsprechend hoch solltest Du ihn einstufen – und ihn mit den technischen Möglichkeiten unserer Zeit nutzen, frei nach dem Motto:

Nutze alles, was Dich auf dem Weg zum Erfolg voranbringt,
und Du wirst erfolgreich sein!

Das ist die richtige Einstellung, um den Sieg zu erringen!

Leitsätze:

- ❑ Die größte Kraft des Universums steckt in Dir selbst!
- ❑ Der Glaube verursacht Taten!
- ❑ Wenn Du fest daran glaubst, dass Du es schaffst, dann schaffst Du es!
- ❑ Nutze alles, was Dich auf dem Weg zum Erfolg voranbringt, und Du wirst erfolgreich sein!

Selbstprüfung

1. Welche Erkenntnisse habe ich aus dem letzten Kapitel gewonnen?

2. Welche Erkenntnisse lassen sich auf mein Leben übertragen?

3. Womit beginne ich sofort?

2. Man muss an den Sieg glauben!

Man kann an viele Dinge glauben. An sich selbst, an andere Menschen, ja sogar an Ereignisse und Kräfte, die man nie selbst wahrgenommen hat. Oft glaubt man an falsche Dinge und verursacht damit großen Schaden, denn:

Der Glaube funktioniert in beide Richtungen, in die positive wie auch in die negative!

Das gilt es zu beachten, wenn man sich dieser unglaublichen Kraft bedient.

Wenn ein Mensch glaubt, dass er nicht erfolgreich ist, dann hat er das Ergebnis seines Glaubens gleich vor Augen: Er ist nicht erfolgreich! Dadurch wird sein Glaube bestätigt und die Tür zum Erfolg wird mehr und mehr verschlossen werden.

Auf dem Börsenparkett

Es mag Dich ein wenig verwundern, aber der Glaube spielt selbst auf einem solch abstrakten Spielfeld wie der Börse eine hochwichtige Rolle. Trotz all der scheinbar kühl berechnenden Börsianer, ihrem von Computertechnologie durchsetzten Arbeitsfeld und den wissenschaftlich fundierten Berechnungen, kann allein der Glaube über die Zukunft des Marktes entscheiden.

Offensichtlich ist dies in den letzten Jahren wieder einmal durch den sogenannten *Neuen Markt* geworden, der Aktiengesellschaften umfasst, die sich mit zukünftsträchtigen Produkten aus den Bereichen Internet, Telekommunikation und Biotechnologie an die Börse wagen. Irgendein Börsenguru schätzt die Zukunft dieses Marktes oder einzelner Firmen in ihm äußerst positiv ein. Anleger schenken ihm Glauben und investieren. Durch den Kauf dieser Aktien und somit der großen Nachfrage, schießen die Kurse nach oben. Nun glauben noch mehr Anleger, dass es sich um eine zukunftsträchtige Anlage handeln muss und steigen mit ein. Das Resultat: Die Kurse klettern innerhalb kürzester Zeit in schwindelerregende Höhen!

Analysiert man die Unternehmen, deren Aktienkurse so steil nach oben schießen, so fällt auf, dass das Aktienkapital (also der Wert aller Aktien dieses Unternehmens zusammen) weit über dem eigentlichen Wert des Unternehmens selbst liegt.

Betrachten wir das anhand der Erfolgsgeschichte von Yahoo, einer eigentlich relativ kleinen Internet-Firma. Der Kurs der Yahoo-Aktie schoss innerhalb weniger Monate in schwindelerregende Höhen hinauf.

Das Paradoxe an dieser Situation: Das Aktienkapital von Yahoo ist inzwischen so groß wie das mehrerer großer deutscher Aktiengesellschaften (BASF, Lufthansa, Metro, VEBA und VW) zusammen!

	Yahoo	**BASF, Lufthansa, Metro, VEBA und VW**
Börsenwert (Stand Januar 2000)	176 Milliarden DM	174 Milliarden DM
Umsatz 1999	1,1 Milliarden DM	327 Milliarden DM
Gewinn 1999	0,1 Milliarden DM	8,98 Milliarden DM
Anzahl der Mitarbeiter	ca. 410	ca. 563.000[26]

Unter bodenständigen kaufmännischen Regeln betrachtet, handelt es sich hierbei wirklich um ein außergewöhnliches Phänomen: Tausende und Abertausende von Anlegern investieren ihr Geld bei einem Unternehmen, das nur einen winzigen Bruchteil ihrer Gesamtinvestitionen wert ist! Aber: Dieses System der blitzschnellen Geldvermehrung scheint zu funktionieren – zu-

[26] *Quelle: Homepage der WDR-Sendung Quarks & Co.*

mindest so lange, wie genug Menschen daran glauben! In dem Moment nämlich, wo die ersten Investoren ihren Glauben verlieren und ihre Yahoo-Aktien wieder verkaufen, beginnt der Kurs zu stagnieren. Verlieren viele ihren Glauben, so wird der Kurs unweigerlich zusammenbrechen.

Es handelt sich hier um eine Art von Gruppen-Glauben, wo das, was die Mehrheit glaubt, den Wert von Unternehmen bestimmt! Ein interessantes Phänomen, das man als kluger Anleger natürlich zu seinem Vorteil nutzen kann.

Glaube und Gesundheit

Die Macht des Glauben zeigt sich auch in Bezug auf unseren Körper. Menschen, die im festen Glauben durchs Leben gehen, gesund zu sein, neigen weitaus weniger zu Krankheiten als jene, die an das Gegenteil glauben. Es ist interessant, wie stark der Geist und die geistige Einstellung den Körper beherrschen. Denke nur etwa an die asiatischen Mönche, die ihr Herz kurze Zeit anhalten können, und dennoch weiterleben!

Es ist so, wie Morihei Uyeshiba, der Gründer des Aikido, der modernsten asiatischen Form der Selbstverteidigung sagte:

Der Geist ist der Herrscher unseres Körpers.

Der Glaube ist eine rein geistige Qualität. Man kann ihn nicht durch ein Stück Materie ersetzen. Selbst wenn man etwas mit einem Schweißbrenner in eine Stahlplatte schreibt oder dicke Bücher darüber veröffentlicht – es wird erst dann zu Glauben, wenn Menschen auf geistiger Ebene damit übereinstimmen!

Das funktioniert so gut, dass Ärzte, die ihren Patienten gut zureden und ihnen Mut machen, weitaus bessere Resultate bei der Heilung körperlicher Krankheiten erzielen, als diejenigen, die ihre Patienten auf die Schwere und Ernsthaftigkeit ihrer körperlichen Leiden hinweisen und sie mit solch schrecklichen Bezeichnungen wie „unheilbar“ verzieren. Warum ist das so? Weil gute Ärzte den positiven Glauben fördern und schlechte Ärzte ihren Patienten negative Glaubenssätze einflößen!

Dabei ist der ausschlaggebende Faktor der Glaube des Patienten. Dieser ist so machtvoll, dass er sogar die Wirkung von Medikamenten beeinflussen kann!

Solltest Du körperliche Probleme oder Krankheiten haben, dann nimm Dir ein wenig Zeit, Dir die negativen Glaubenssätze zu vergegenwärtigen, die Du bezüglich dieses Zustandes hast. Ersetze sie anschließend durch positive Glaubenssätze, und Du wirst Dich bald besser fühlen!

Der Glaube der Kinder

Der Faktor Glaube zeigt sich interessanterweise sogar unabhängig vom Alter. Bereits als Kind besitzt man einen festen Glauben. So glaubt wohl jedes Kind in den christlichen Ländern der Erde an den Nikolaus oder Weihnachtsmann. Und was macht jedes Kind, wenn der 6. Dezember naht? Es stellt seine Stiefel vor die Tür. Und siehe da, am nächsten Morgen sind die Stiefel mit Geschenken gefüllt! Dabei ist die Art des Glaubens eigentlich irrelevant. Wir als Erwachsene wissen, dass es keinen Weihnachtsmann gibt. Aber ein Kind glaubt fest daran. Und aus seinem Glauben heraus erwächst eine Handlung. Es wird aktiv! Und das ist der Faktor, auf den es hier ankommt:

Der Glaube an eine Sache bringt den Menschen zum Handeln!

Dieses Gesetz hat auch eine Kehrseite. In späteren Jahren nämlich, wenn die Menschen erwachsen werden, glauben sie allzu oft, dass sie nicht erfolgreich werden können. Dieser Glaube veranlasst sie, nicht zu handeln! Und damit haben sie sich selbst ein unüberwindlich scheinendes Hindernis in den Weg gestellt. Könnten sie ihren Glauben ändern und zu sich selbst sagen: „Ich werde erfolgreich!“, so würden sie sofort zu handeln beginnen!

Daher gilt:

Der Glaube versetzt uns ins Handeln.
Und nur durch das Handeln können Ergebnisse erzielt werden!

Glaubst Du an Dich selbst?

Einer der relevanten Faktoren in diesem Zusammenhang ist das Selbstwertgefühl. Wenn wir die 95 Prozent mäßig oder überhaupt nicht erfolgreichen Menschen betrachten, so stellen wir fest, dass sie nicht an sich selbst glauben. Das fängt schon am Morgen an, wenn sie in den Spiegel schauen und zu sich selbst sagen: „Mein Gott, ich sehe wieder schrecklich aus! Wie ein Verlierer! Heute schaffe ich bestimmt auch wieder nichts. Und gleich muss ich wieder zur Arbeit und mich mit meinem Chef herumärgern." Kein Wunder, dass man mit solch einer Geisteshaltung den Glauben an sich selbst verliert. Und in der Tat ist das Leben von rund 95 Prozent der Menschen durch eine negative Geisteshaltung, Ziellosigkeit und fehlenden Glauben an die eigenen Fähigkeiten und Erfolgschancen geprägt. Sie kultivieren ein In-den-Tag-Hineinleben und fragen sich in der Midlife-Crisis oder spätestens mit 65: „Soll das denn schon alles gewesen sein?" Innerlich ahnen sie, dass das Leben noch mehr zu bieten hat, dass sie über ein enormes Potential an brachliegenden Fähigkeiten verfügen.

Doch wie – und das ist die große Frage, auf die die erfolglosen Menschen niemals eine Antwort finden – kann man dieses Potential effektiv nutzen?

Wir haben bereits die Erfolgskomponenten *Positive Geisteshaltung* und *Ziele* behandelt. Was daraus erwachsen muss, und was man immer aufrechterhalten muss, ist der Glaube an sich selbst und seine Ziele!

Dein Glaube ist die schier unerschöpfliche Energiequelle, die Du nur anzapfen musst, um immer über genug Power zu verfügen!

Warte also nicht bis zum 65. Geburtstag, um dann zu sagen: „Wenn ich nochmal 30 Jahre jünger wäre – ich würde vieles anders machen!" Gerade jetzt in diesem Augenblick bist Du jünger und hast die Wahl, vieles anders zu machen! Es liegt an Dir, Dein Leben zu verändern! Du kannst neue Aktivitäten starten – jederzeit! Worauf, verdammt nochmal, wartest Du also? Etwa auf den göttlichen Segen? Diese Gunst wird uns zu selten zuteil, um darauf bauen zu können. Oder willst Du erst einmal erben oder in der Lotterie gewinnen, um das nötige Kleingeld zu besitzen? Ein nicht unüblicher Wunsch, bei dem sich aber die Frage stellt: Warum willst Du warten, dass Dir etwas geschieht? Höre auf zu warten! Dreh den Spieß einfach um, nimm das Steuer selbst in die Hand. Es gibt nur zwei Möglichkeiten:

Entweder Du bewegst Dich oder Du wirst bewegt!

Und wenn Du nicht irgendwann anfängst, Dich zu bewegen, überlässt Du Dein Leben dem Schicksal. Darum:

Fange sofort damit an, etwas zu bewegen! Nur wer sich Ziele setzt und an sich selbst und seine Ziele glaubt, kann etwas bewegen und in der Tat Berge versetzen!

Wir bewundern instinktiv diejenigen Menschen, die außergewöhnliche Dinge vollbringen. Aber warum sollten wir es ihnen nicht gleichtun? Sicher, wir können auf die Menschen in unserer Umgebung hören, die uns das nicht zutrauen und klein beigeben. Oder wir können uns von der flüsternden Stimme, den negativen Gedanken in unserem Kopf davon abhalten lassen, etwas zu wagen. Aber wieso sollten wir das tun? Etwa weil es so ungeheuer interessant und sicher ist, ein mittelmäßiger Niemand zu sein? Oder weil so viele andere es auch sind?

Um ganz ehrlich zu sein: Das sind keine Maßstäbe, die Dir den Weg zum Erfolg ebnen werden. Die wirklichen Vorbilder, an denen Du Dich orientieren musst, sind diejenigen Menschen, die etwas zustande gebracht haben! Und das sind gleichsam diejenigen, die an etwas geglaubt haben!

Ist denn das Leben nicht viel zu kurz, um immer nur in mittelmäßigen Wohnungen zu leben, durchschnittliche Kleidung zu tragen, billig zu essen und sich nur Last-Minute-Pauschalreisen leisten zu können? Warum also lebst Du dann so?

Das Prinzip der Gewinner!

In der Zeit um 500 vor Christi wurde Griechenland größtenteils vom Persischen Reich kontrolliert. Die weit auseinander liegenden griechischen Städte wurden von den Persern zu Tributzahlungen und Heeresfolge gezwungen. Doch ein Aufstand, der unter anderem von den Athenern unterstützt wurde, veränderte das Machtgefüge. Der damalige Perserkönig Darius I. schickte zur Bestrafung Athens eine Flotte von Schiffen, die ein für die damalige Zeit großes Heer beförderte.

Die Flotte landete in der Nähe von Marathon und das persische Heer bewegte sich von dort auf Athen zu, um dort ihr zerstörerisches Werk zu vollbringen. Wie erwartet, fand man keinen organisierten Widerstand vor, da die Athener aufgrund des überraschenden Auftauchens der Perser nicht schnell genug in der Lage waren, ihre Verbündeten zu Hilfe zu rufen. Zwar schickten die Athener einen Eilboten mit einem dringenden Hilfegesuch nach Sparta, doch konnte nicht damit gerechnet werden, dass die Spartaner früh genug eintreffen würden, um den Verlauf der Schlacht zu bestimmen.

Athen war also – abgesehen von einem rund eintausend Mann starkem Verband von Kriegern eines benachbarten Verbündeten – allein und auf seine eigene Kraft angewiesen. Voll stolzer Zuversicht zu siegen, zog das athenische Heer los. Doch als sie in der Ferne die Übermacht der Perser erblickten, ein Heer, dem der Ruf der Unbesiegbarkeit vorausging, schwand der Glaube an den Sieg. Stimmen wurden laut, sich lieber hinter die Mauern von Athen zurückzuziehen und dort auszuharren, statt dem Gegner auf offenem Felde entgegenzutreten. Einige der Strategen schlossen sich dieser Meinung an, und die allgemeine Siegesstimmung schwand langsam dahin. Da erkannte Miltiades, einer der Führer der Athener, dass, wenn man den Angriff nicht bei Marathon wagen würde, die Schlacht verloren sein würde. Ihm war auch klar, dass Athen einer Belagerung nicht lange standhalten würde.

Nachdem die beiden Heere mehrere Tage unbeweglich ihre Stellung gehalten hatten, griffen die Perser an. Miltiades gelang es, den Siegeswillen der Griechen zu schüren und sie mit voller Gewissheit, gegen den Feind zu gewinnen, aufs Schlachtfeld zu führen. Das Ergebnis war überraschend: Die Perser wurden vernichtend geschlagen. Und: Unter den rund 6.400 Soldaten, die bei der Schlacht den Tod fanden, waren nur 192 Athener! Die Begebenheiten bei Marathon und der gesamten darauffolgenden Schlachten waren für die politische Lage und das Denken des griechischen Volkes der Antike so gewaltig, dass sie nicht vergessen wurden und den Glauben an die Götter noch mehr festigten.

Durch den an ein Wunder grenzenden Sieg bei Marathon wurde der Grundstein für den Aufstieg Athens gelegt. Und selbst wenn dies nicht die letzte aller Schlachten zwischen Persern und Griechen war, hatten die Ereignisse doch gezeigt, dass die Griechen sich nicht ungeschlagen ergeben würden.[27] (Erläuterung siehe S. 150)

Aus Letzterem ersehen wir:

Die Basis für Erfolg und Sieg ist der Glaube an sich selbst!
Nur wer an sich selbst glaubt, überwindet größte Hindernisse, erreicht seine gesteckten Ziele, bewältigt Probleme, setzt sich durch, ist erfolgreich und wird ein Gewinner sein!

Leitsätze:

❑ Der Glaube bringt uns zum Handeln. Und nur durch das Handeln können Ergebnisse erzielt werden!

❑ Höre auf zu warten! Dreh den Spieß einfach um, nimm das Steuer selbst in die Hand. Es gibt nur zwei Möglichkeiten: Entweder Du bewegst Dich oder Du wirst bewegt! Und wenn Du nicht irgendwann anfängst, Dich zu bewegen, überlässt Du Dein Leben dem Schicksal. Darum: Fange sofort damit an, etwas zu bewegen! Nur wer sich Ziele setzt und an sich selbst und seine Ziele glaubt, kann etwas bewegen und in der Tat Berge versetzen!

❑ Die wirklichen Vorbilder, an denen Du Dich orientieren musst, sind diejenigen Menschen, die etwas zustandegebracht haben! Und das sind gleichsam diejenigen, die an etwas geglaubt haben!

[27] *Die obigen Ereignisse waren in der Tat so eindrucksvoll, dass sie uns allen durch den Marathonlauf in Erinnerung geblieben sind. Die Legende sagt, dass ein Läufer mit der Botschaft vom Sieg der Griechen die mehr als 40 Kilometer nach Athen gelaufen und mit dem Ruf „Wir haben gesiegt!" tot auf dem Marktplatz zusammengebrochen sei.*

Selbstprüfung

1. Welche Erkenntnisse habe ich aus dem letzten Kapitel gewonnen?

2. Welche Erkenntnisse lassen sich auf mein Leben übertragen?

3. Womit beginne ich sofort?

IV. Jetzt gilt es zu handeln!

1. Es gibt nichts Gutes, außer man tut es!

Als ich 1988 mit einem anderen Mitarbeiter meine damalige Arbeitsstelle bei einem der großen deutschen Strukturvertriebe der Finanzdienstleistungsbranche verlassen hatte, gründeten wir eine eigene Vertriebsgesellschaft. Zunächst als OHG ins Leben gerufen, wurde sie sechs Monate später in eine GmbH umgewandelt und nach einem weiteren Jahr in eine Aktiengesellschaft. Mein Partner war verantwortlich für dem Umsatz, ich für den Mitarbeiteraufbau. Ein Jahr später hatten wir schon 200 Mitarbeiter – viel mehr als ich in der gleichen Zeit bei meiner vorangegangenen Vertriebsstelle hatte. Warum? Weil wir nie darüber nachgedacht haben, dass es nicht funktionieren könnte, und es einfach getan haben! Wir kannten das Geschäft. Und wir konzentrierten uns zunächst darauf zu handeln. Frei nach dem Slogan von Nike: Just do it! (Tue es einfach!)

Das ist es übrigens, was Dir letzten Endes den Weg zum Erfolg ebnet: Das Handeln!

Von Planung zu Aktion
Angenommen, Du hast eine Bergtour geplant. Du hast im Detail ausgearbeitet, wie Du vorgehen wirst, um die vor Dir liegende Herausforderung in Angriff zu nehmen und den Berg zu besteigen. Welcher Schritt muss dann unausweichlich folgen, um das gesetzte Ziel zu erreichen? Du musst den Plan in die Tat umsetzen. Mit anderen Worten: Du musst es tun!

Nur wenn Du es tust, wird es geschehen!

Der Planung folgt also Aktion, und zwar eine Vielzahl kleiner Aktionen. Du musst Dir die benötigte Ausrüstung besorgen, Mitstreiter finden und dann schließlich losmarschieren. Jeder Schritt bringt Dich Deinem Ziel näher. Jeder Haken, den Du in die Felswand schlägst, ist ein weiterer Schritt auf dem Weg zur Bergspitze. Und wenn der Plan gut war und Du einfach immer weitermachst, wirst Du erfolgreich sein! Das klingt einfach, nicht wahr? Das ist es auch.

Oft sind es die einfachen Dinge, die wir übersehen, die uns aber auf direktem Weg zum Erfolg führen!

Die Geschichte von Paule Pechvogel

Es war einmal ein Mann namens Paul Pechvogel, der jahrelang auf einen Lottogewinn in Millionenhöhe hoffte. Jede Nacht träumte er davon, dass ihn eines Tages das große Glück ereilen würde, und betete zu Gott, dass dieser seinen Traum wahrmachen sollte. Eines Tages – nach vielen Jahren – erschien Gott tatsächlich, rüttelte Paul wach und sprach: „Lieber Paul, du betest nun schon seit Jahren, dass ich dir einen Lottogewinn schenken soll. Nun gib mir doch bitte auch eine Chance – gib doch endlich mal den Lottoschein ab!“

Das ist der Unterschied zwischen Träumen und Zielen. Beide sind wichtig. Aber:

Ohne Ziele werden sich Deine Träume niemals erfüllen!

Reden kontra Handeln

Viele Menschen reden tagaus, tagein von ihren Träumen. Doch reden allein genügt nicht. Man muss auch etwas tun. Handeln! Das Wort Handeln stammt übrigens von Hand und nicht von Mund. Ansonsten hieße es ja Mundeln. Und das würde uns nicht viel weiterbringen.

Alles positive Denken, alle Ziele, aller Glaube – all das ist zwecklos, wenn man nicht handelt. Man kann über Dinge reden, diskutieren, sie in verschiedenen Gremien hin und her wälzen, sich darüber streiten, endlos debattieren, und während all das nötig sein mag, erzielt man nur dann Resultate, wenn man handelt!

Dass man handelt ist wichtig. Es zählt aber auch *wann* man handelt!

Wann man handeln muss

Beim Handeln ist das Timing von größter Bedeutung. Hast Du schon einmal die Erfahrung gemacht, dass Du eine glänzende Idee hattest, sie dann aber nicht sofort umgesetzt hast und sie anschließend mehr oder weniger in Vergessenheit geraten ist? Tatsächlichen Erhebungen zufolge, verringert sich die Wahrscheinlichkeit, dass man eine Idee umsetzt, mit der Zeit, die man verstreichen lässt, ohne diese Idee umzusetzen. Mit anderen Worten: Wenn man nicht schnell handelt, dann lässt man es oftmals ganz sein. Der Ablauf ist ganz einfach: Einem kommt eine blendende Idee in den Sinn. Man führt sie nicht direkt aus. Stattdessen lässt man sie sich weiter durch den Kopf gehen. Da man aber nicht darin geschult ist, positiv zu denken, fallen einem immer neue Gründe ein, warum diese Idee doch nicht so gut und einfach realisierbar ist, wie man ursprünglich dachte. Dieser Vorgang setzt sich so lange fort, bis man sie vollständig ad acta legt.

Ich habe dies schon oft bei neuen Mitarbeitern im Strukturvertrieb erlebt. Sie sind nach einem Seminar vollauf begeistert, schwärmen von dem Produkt, das sie kennen gelernt haben, legen aber nicht sofort los es zu verkaufen, sondern lassen die Sache „locker angehen". Nach ein bis zwei Tagen ist schon ein großer Teil der Motivation verflogen. Daher gestalten sich die Verkaufsgespräche schwieriger als erwartet, was die Motivation weiter sinken lässt, bis sie tief in den Keller fällt.

Daher gilt:

Handele immer sofort! Warte nicht! Tue es sofort!

Das ist nebenbei auch ein Faktor, der einen Verkäufer in den Wahnsinn treiben kann. Er führt ein Verkaufsgespräch und der Kunde willigt schließlich ein zu kaufen. Wenn der Verkäufer ihn jetzt nicht sofort den Vertrag unterschreiben lässt, nutzt der Kunde die Zeit bis zum nächsten Termin dazu, sich zu überlegen, was alles gegen den Kauf sprechen könnte. Und der Abschluss geht den Bach runter.

Erfolg durch frühe Investition

Auch für den Sparer, der sich ein Vermögen aufbauen will, gilt, dass er dann die besten Karten hat, wenn er mit dem Sparen früh genug beginnt. Erst dann kann er den Zinseszinsfaktor voll ausnutzen.

Vergleichen wir in diesem Sinne drei verschiedene Sparer und deren Investition und das letztendliche Ergebnis davon.

Sparer A denkt sich bereits in frühen Jahre „Ich spare schon heute“ und legt ab seinem 20. Lebensjahr jährlich 1.200 Euro zur Seite. Mit 30 hat er dann (exklusive Zinsen) 12.000 Euro gespart. Dann lässt er sein Geld bis zum Rentenalter für sich arbeiten.

Sparer B gibt sein Geld in frühen Jahren lieber für Konsumgüter aus und macht sich erst mit 30 daran, sein Geld auf die hohe Kante zu legen. Er spart jedes Jahr 1.800 Euro, und zwar nicht nur 10, sondern 35 Jahre lang!

Sparer C legt sich erst mit 35 in die Riemen und spart. Er investiert ganz besonders viel, nämlich 2.400 Euro im Jahr, und das 30 Jahre lang.

Wer von diesen dreien hat im Alter von 65 Jahren die Nase vorne und das beste Resultat? Gehen wir dabei davon aus, dass alle drei ihre Spareinlagen in eine Fondspolice[28] investieren, die eine durchschnittliche Rendite von 9 Prozent ergibt. Dann kommen wir zu Ergebnissen, die auf der nebenstehenden Tabelle dargestellt sind.

Das beste Sparergebnis mit dem geringsten Aufwand kann Sparer A für sich verbuchen. Mit nur 12.000 Euro Investitionssumme kommt er auf den stolzen Betrag von 338.989 Euro! Warum? Ein Faktor, der hier eine Rolle spielt, ist natürlich die Verzinsung. Die grundlegende Regel, die dem aber zugrunde liegt, lautet:

Je früher man zukunftsorientiert handelt, desto besser!

[28] *Eine Form der Lebensversicherung, bei der der Sparanteil in einen Investmentfonds investiert wird.*

Alter	Sparer A	Sparer B	Sparer C
20	1.200 €		
21	1.200 €		
22	1.200 €		
23	1.200 €		
24	1.200 €		
25	1.200 €		
26	1.200 €		
27	1.200 €		
28	1.200 €		
29	1.200 €		
30		1.800 €	
31		1.800 €	
32		1.800 €	
33		1.800 €	
34		1.800 €	
35		1.800 €	2.400 €
36		1.800 €	2.400 €
37		1.800 €	2.400 €
38		1.800 €	2.400 €
39		1.800 €	2.400 €
40		1.800 €	2.400 €
41		1.800 €	2.400 €
42		1.800 €	2.400 €
43		1.800 €	2.400 €
44		1.800 €	2.400 €
45		1.800 €	2.400 €
46		1.800 €	2.400 €
47		1.800 €	2.400 €
48		1.800 €	2.400 €
49		1.800 €	2.400 €
50		1.800 €	2.400 €
51		1.800 €	2.400 €
52		1.800 €	2.400 €
53		1.800 €	2.400 €
54		1.800 €	2.400 €
55		1.800 €	2.400 €
56		1.800 €	2.400 €
57		1.800 €	2.400 €
58		1.800 €	2.400 €
59		1.800 €	2.400 €
60		1.800 €	2.400 €
61		1.800 €	2.400 €
62		1.800 €	2.400 €
63		1.800 €	2.400 €
64		1.800 €	2.400 €
Gesamte Investition	**12.000 €**	**63.000 €**	**72.000 €**
Endbetrag	**338.989 €**	**310.810 €**	**269.813 €**

Erfolg und die 35-Stunden-Woche

Wie schon zuvor beschrieben, sind wir Deutschen in den letzten Jahrzehnten immer mehr dazu erzogen worden, für weniger Arbeit mehr Geld zu verlangen. Anders ausgedrückt: Uns ist beigebracht worden, weniger zu tun! Unsere Fähigkeit zu handeln wurde damit gleichermaßen reduziert. Das mag sozial sein, hat uns aber nicht sehr viel Erfolg eingebracht.

Ich habe dieses Buch geschrieben, um Dir den Weg zum Erfolg aufzuzeigen. Daher muss ich Dir auch die Wahrheit zum Thema Arbeit sagen, denn mit der falschen Einstellung dazu wirst Du es nicht schaffen. Um Deinen Lebensstandard nicht nur zu halten sondern zu verbessern, musst Du aufhören, weniger arbeiten zu wollen. Du musst sämtliche Ideen, wie „Mach doch mal Pause“ oder „35-Stunden-Woche“, über Bord werfen. Die einfache Regel hierzu lautet:

Wer mehr haben will als andere, muss auch mehr tun!

Wenn Du Dein Arbeitspensum nicht vergrößerst, wirst Du in den nächsten Jahren und Jahrzehnten gezwungen sein, Deinen Gürtel immer enger zu schnallen. Inflation und wirtschaftliche Rezession werden gegen Dich arbeiten. Du musst mit weniger auskommen, als Dir lieb ist. Und dazu ist das Leben viel zu kostbar. Mache das Spiel der Gewerkschaften und all jener, die Dir einreden wollen, wie schlimm Arbeit ist und dass man sie reduzieren sollte, einfach nicht mit!

Arbeit und die daraus resultierenden Produkte
haben Deutschland groß gemacht!

Das ist eine Tugend, die Du kultivieren solltest. Zusammen mit den richtigen Erfolgstechniken, der positiven Geisteshaltung, dem Glauben, exakten Zielen und der Fähigkeit zur Korrektur wirst Du erfolgreich sein! Und das musst Du immer anstreben!

Ludwig Erhard war ein weiser Mann

Zunächst als Wirtschaftsminister und später als Bundeskanzler wirkte Ludwig Erhard in den Aufbaujahren nach dem Krieg und bestimmte den Aufschwung der deutschen Wirtschaft spürbar. Während er stark daran arbeitete, soziale Absicherung für alle zu schaffen (was heute nach wie vor von Politikern gefordert wird), war er sich auch der Tatsache bewusst, dass diese nur durch entsprechende Produktion getragen werden kann (was heute scheinbar nicht jedem Politiker bekannt ist, wenn man die aktuelle Staatsverschuldung von über einer Billion Euro betrachtet).

Erhard redete zwar auch von sozialen Leistungen, aber sein Hauptugenmerk richtete er auf Faktoren wie Wettbewerb und persönliches Leistungsstreben! Hier eine seiner entsprechenden Aussagen: „... ***Das erfolgversprechendste Mittel zur Erreichung und Sicherung jedes Wohlstandes ist der Wettbewerb.*** *Er allein führt dazu, den wirtschaftlichen Fortschritt allen Menschen, im besonderen in ihrer Funktion als Verbraucher, zugute kommen zu lassen, und alle Vorteile, die nicht unmittelbar aus höherer Leistung resultieren, zur Auflösung zu bringen. Auf dem Wege über den Wettbewerb wird – im besten Sinne des Wortes – eine Sozialisierung des Fortschritts und des Gewinns bewirkt und dazu noch das* **persönliche Leistungsstreben** *wachgehalten. ...*“[29]

Daraus kann ich folgenden Ratschlag formulieren, den Du beherzigen solltest:

Stelle Dich dem Wettbewerb und halte Dein persönliches Leistungsstreben ständig wach!

Arbeiten oder Faulenzen

Während der Begriff *Leistungsstreben* heutzutage eher Fremdwort geworden zu sein scheint, erfreuen sich Wörter wie *Ruhe, Feierabend, Urlaub* und *Freizeit* allgemeiner Beliebtheit. Verstehe mich jetzt bitte nicht falsch: All diese Dinge sind völlig in Ordnung – solange das Verhältnis stimmt!

Ich gönne mir täglich auch gerne ein paar Stunden Ruhe, freue mich auf die Zeit nach dem Feierabend, mache gerne mit der Familie Urlaub und liebe es, meine Freizeit interessant zu gestalten. Aber mal ganz ehrlich: Wann macht Freizeit am meisten Spaß? Wenn man vorher wirklich produktiv gearbeitet hat! Wenn man richtig reingehauen und etwas geleistet hat!

[29] *Ludwig Erhard, Wohlstand für alle, Düsseldorf, 1990³, Seite 7f*

Ich kann mir vorstellen, dass Du in der Vergangenheit oft über Deine Arbeit geflucht und Dir vorgenommen hast, endlich ein paar Tage zu Faulenzen. Aber mal ganz ehrlich: Wie lange kannst Du ohne Arbeit leben? Wie lange könntest Du Urlaub machen, ohne zu Dir selbst zu sagen: „Verdammt nochmal, jetzt will ich aber endlich wieder etwas sinnvolles tun!" Ich persönlich verspüre schon nach ein oder zwei Wochen ein Kribbeln in den Fingern und wünsche mir dann, wieder richtig loslegen zu können.

Es mag nun sein, dass Du einer Arbeit nachgehst, die zu keinem sinnvollen Produkt führt. In diesem Fall solltest Du sie kurzfristig wechseln und Dich nach einem Job umsehen, der Dich fordert und bei dem Du etwas Sinnvolles zu Stande bringen kannst. Wo Du handeln, Genugtuung über geleistete Arbeit verspüren und gut verdienen kannst!

Um erfolgreich zu sein, musst Du umdenken: Konzentriere Dich nicht mehr auf Begriffe wie *Ruhe, Feierabend, Urlaub, Freizeit* und *Faulenzen*. Höre nicht mehr länger den Leuten um Dich herum zu, die selbst keinen Spaß an ihrer Arbeit haben, erfolglos sind und von nichts anderem reden. Denke stattdessen lieber in Begriffen von *Aktion, Leistung, Produktion, Leistungsstreben, Gewinnoptimierung, Weiterbildung, Expansion* und *Arbeitseifer*. Damit trainierst Du Deine positive Geisteshaltung und entwickelst gleichzeitig die richtige Einstellung, die Dich zum ***handeln*** bringt!

Wie Du aus der Passivitätsfalle ausbrechen kannst!

Ein Hindernis liegt noch auf Deinem Weg: die *Passivitätsfalle*! Eine gesellschaftliche Methode, die Dich auf schleichende Weise dazu bringt, nicht aktiv zu sein.

Worum handelt es sich dabei? Um in der Gesellschaft existierende Mechanismen, die Dich dazu bringen, nichts zu tun.

Nimm als Beispiel nur den Fernseher. Der durchschnittliche Deutsche sitzt rund drei Stunden am Tag vor der Glotze. Er schaut sich morgens die Nachrichten an, mittags die wenig intelligenten (aber merkwürdigerweise äußerst beliebten) Talkshows und abends wieder die (schlechten) Nachrichten des Tages und die Standard-Serien, die nach dem altbewährten Muster gestrickt sind, das da lautet: Die bösen Buben mit den schwarzen Hüten ärgern die guten Jungs mit den weißen Hüten, die sich dagegen wehren müssen und am Ende gewinnen (Happyend) oder verlieren.

Nur als kurze Anmerkung sollte ich Dich über folgende Tatsache aufklären, die Dir vielleicht nicht bekannt ist: Der große Aufschwung des Fernsehens kam durch die Möglichkeit, dieses Medium zu Werbezwecken einzusetzen. Die lästigen kleinen Werbeblöcke zwischen den Serien, Shows und Filmen sind der eigentliche Grund, warum Fernsehanstalten existieren. Davon leben sie (insbesondere die privaten, die öffentlich-rechtlichen weniger). Nicht umsonst nennt man viele der Serien auch Soap Operas, also Seifenopern. Sie wurden früher hauptsächlich deshalb gedreht und gesendet, um zwischendurch Waschmittelwerbung senden zu können! Zunächst in den Vereinigten Staaten und inzwischen auch bei uns. Und wo wir früher Protestrufe hörten, dass ein Film zwei- oder dreimal durch Werbung unterbrochen wurde, haben wir uns inzwischen daran gewöhnt, dass es rund doppelt so oft geschieht! Das aber nur als kurze Anmerkung zum Hauptzweck des Fernsehens.

Wenn Du vor dem Fernseher sitzt, bist Du gewissermaßen zur Passivität verdammt. Du schaust nur zu, kannst aber nichts tun. Das ist – wenn Du es übertreibst – eine Falle.

Genauso kann man es mit dem Essen übertreiben – wodurch man zu dick wird, was nur ein Hinweis darauf ist, dass man endlich handeln sollte – entweder Sport treiben oder fasten!

Der Faktor, auf den ich Dich hier aufmerksam machen möchte ist der folgende: Freizeit ist völlig in Ordnung, vor dem Fernseher zu sitzen, ins Kino zu gehen und gut zu essen ist total okay. Aber Du solltest es nicht übertreiben! Zu viel davon, und Du wirst zu einem passiven Zuschauer degradiert, der immer mehr Pfunde ansammelt und nichts zustande bringt. Daher gilt:

Breche aus der Passivitätsfalle aus! Sei aktiv!

Hier gilt es, ein für Dich angemessenes Gleichgewicht zu finden, sozusagen die goldene Mitte. Wo Du diese ansetzt, überlasse ich Dir. Achte bitte nur darauf, dass Deine Prioritäten stimmen und Du den Großteil Deiner Energie Deiner Arbeit widmest und im Leben vorankommst. Wenn Du das beherzigst, macht es Dir bestimmt noch mehr Spaß, ins Kino zu gehen oder Dir im Fernsehen einen guten Film anzuschauen.[30]

[30] *Man kann seine Freizeit übrigens auch aktiv verbringen, etwa indem man sich Sportvereinen anschließt oder an anderen Teamaktivitäten teilnimmt. Man kann also auch frei haben und gleichzeitig etwas tun.*

Um Dich richtig zu motivieren, habe ich für das nächste Kapitel ein paar wirklich bahnbrechende Erfolgsstories zusammengetragen, die auf der Lebensphilosophie des intelligenten Handelns gegründet waren.

Leitsätze:

- ❑ Folge dem Nike-Slogan: Just do it! (Tue es einfach!)
- ❑ Nur wenn Du es tust, wird es geschehen!
- ❑ Oft sind es die einfachen Dinge, die wir übersehen, die uns aber auf direktem Weg zum Erfolg führen!
- ❑ Ohne Ziele werden sich Deine Träume niemals erfüllen!
- ❑ Je länger Du wartest, desto mehr Gründe kannst Du finden, etwas nicht zu tun. Daher gilt: Handele immer sofort! Warte nicht! Tue es sofort!
- ❑ Werfe alle Ideen, die Dich von Deiner Arbeit abhalten, über Bord!
- ❑ Wer mehr haben will als andere, muss auch mehr tun!
- ❑ Stelle Dich dem Wettbewerb und halte Dein persönliches Leistungsstreben ständig wach!
- ❑ Breche aus der Passivitätsfalle aus! Sei aktiv!

Selbstprüfung

1. Welche Erkenntnisse habe ich aus dem letzten Kapitel gewonnen?

2. Welche Erkenntnisse lassen sich auf mein Leben übertragen?

3. Womit beginne ich sofort?

2. Intelligentes Handeln als Lebensphilosophie

Wie muss man handeln, um erfolgreich zu werden? Arbeit allein scheint noch nicht auszureichen, um es zur Spitze des Olymp zu schaffen. Man muss eine Prise Intelligenz hinzufügen, um es zu schaffen. Dabei meine ich nicht, dass man eine Intelligenzbestie sein muss oder vor lauter „Genialität" die Welt um sich herum vergisst. Es ist eher eine gewisse Schläue nötig, Gewitztheit, instinktive Intelligenz, die zu wirklich intelligentem Handeln führt.

Betrachten wir einige herausragende Beispiele von Menschen, die an ihrer positiven Geisteshaltung festhielten, ihren Zielen treu blieben, an sich selbst glaubten und all das durch intelligentes Handeln umsetzten.

Die Sharon Stone-Story

Eine Frau, bei der sich die Faktoren Intelligenz und Handeln zu Erfolg zusammenfügten, ist Sharon Stone. Aufgewachsen in einem kleinen Kaff namens Meadsville, irgendwo in den Vereinigten Staaten und benannt nach der naheliegenden Kleinstadt Sharon, zeigte sie bereits in jungen Jahren was in ihr steckt. Schon mit zehn Monaten konnte sie laufen, mit einem Jahr komplette Sätze sprechen und im Alter von sieben Jahren übersprang sie mal eben zwei Schulklassen. Ihre Intelligenz, mit der sie sogar Einstein in die Tasche stecken könnte – zumindest gemessen am IQ von 154 – setzte sie nicht im Bereich der Naturwissenschaften ein, sondern um ihr Leben erfolgreich zu gestalten.

Zunächst machte sie als Model Karriere. Spätestens hier wurde sie mit der negativen Geisteshaltung der Menschen um sie herum konfrontiert, die – wie in der Branche üblich – immer etwas an ihr auszusetzen hatten, frei nach dem Motto: Zu dick, zu dünn, zu groß, zu klein. Doch irgendwann – nachdem sie vom Playboy abgelichtet worden war und als Top-Model bereits gut verdiente – erkannte sie, dass sie dieser Weg nicht zu dauerhaftem Erfolg führen würde. Also korrigierte sie Ihre Handlungen und setze sich ein neues Ziel: ein Hollywood-Star zu werden.

Damit hatte sie gleichsam einen äußerst steinigen und arbeitsreichen Karriereweg eingeschlagen. Ein Casting folgte dem anderen, Regisseure und Drehbücher wechselten sich ab, und nach 17 eher zweitklassigen Filmen, bei denen sie mitwirkte, war 1990 der erste größere Erfolg in Sicht: eine Rolle in *Total Recall*, an der Seite von Arnold Schwarzenegger!

Doch dann erhielt ihre Karriere einen gehörigen Dämpfer: Bevor sie ihren Durchbruch genießen konnte, wurde sie in einen schweren Autounfall verwickelt! Das Ergebnis: Schleudertrauma, Rippenbrüche und eine komplizierte Hüftfraktur! Auf die Frage, wann sie wieder laufen könne, antwortete der untersuchende Arzt mit ernstem Gesicht: „Vielleicht nie wieder!" Wahrscheinlich stellte dieser Unfall nach all dem, was sie bisher im Leben erreicht hatte, eine ihrer größten Herausforderungen dar. Statt sich aber dem Schicksal zu ergeben, legte sie sich eiserne Disziplin auf, schleppte sich auf Krücken zur Reha und kämpfte sich durch die körperlichen Probleme hindurch! Und nach drei Monaten hatte sich schließlich das Gröbste überstanden.

Ihre damalige Maxime – und sicherlich auch diejenige, der sie heute noch treu ist und die ich Dir nur ans Herz legen kann – lautete:

Es gibt keine Grenzen – wenn Du bereit bist,
sie zu überschreiten!

Sie verfolgte ihren Weg konsequent weiter und bekam kurze Zeit später eine Rolle in Paul Verhoevens *Basic Instinct* angeboten. Die damaligen Top-Stars Julia Roberts und Michelle Pfeiffer hatten abgesagt. Und Sharon Stone witterte ihre große Chance. Und tatsächlich: Der Film, der in den ersten drei Wochen 135 Millionen Dollar einspielte, brachte ihr den Durchbruch. Seither gilt sie als einer der ganz großen Stars und wurde 1996 sogar für einen Oscar nominiert![31]

Das wilde Leben des „Tigers"

Seine Karriere begann vor rund 35 Jahren. Sein Erfolgsrezept: Sex! Oder, wie er es selbst ausdrückt: „Stimme, Tanz und Sex sind für mich eine untrennbare Einheit!" Die Rede ist von Tom Jones, einem der Oldtimer unter den Sängern. Angefangen hat er etwa zur gleichen Zeit wie Elvis. Doch Tom zeigte weitaus mehr Ausdauer. Er hat all die Höhen und Tiefen seiner Karrie-

[31] *Quelle: Stefanie Schwethen, P.M. Biografie, Hamburg, 1/2000, Seite 34ff, „Miss Einstein aus dem Kaff der guten Hoffnung"*

re gemeistert und das gemacht, was er am besten kann: Singen! Das hat ihn längst zum Multimillionär gemacht (sein gegenwärtiges Vermögen wird auf über 150 Millionen Dollar geschätzt). Und immer wieder ist er aus dem Nichts aufgetaucht und hat erneut mit einem Hit von sich hören lassen.

Dabei hat sich der inzwischen 60-jährige nie davon abhalten lassen, zu handeln und aktiv zu sein.[32] Während seine Stimme und sein Auftreten als Sex-Symbol einen wichtigen Bestandteil seines Erfolgs ausgemacht hat, war es doch dieser eine Faktor, der ihn immer wieder nach oben gebracht hat: er hat nie aufgegeben und immer weitergemacht! Frei nach dem Motto:

Verloren hat nicht der, der zu Boden geht, sondern der, der liegenbleibt!

Das Aldi-Prinzip

Wenn wir in diesem Kapitel intelligentes Handeln als Lebensphilosophie betrachten, mag der Eindruck entstehen, dass Intelligenz mit Komplexität gleichzusetzen sei. Das stimmt mitnichten. Oft ist es weitaus schlauer, auf komplexe Planung und umfangreiche Strukturen zu verzichten.

Der Beweis dafür ist der Erfolg von Aldi. Nach dem Krieg entwickelten die Brüder Albert und Theo Albrecht aus der Not eine Tugend: Da kaum Waren zur Verfügung standen, konzentrierten sie sich auf das Wesentliche und verzichteten auf alle Schnörkel und Gimmicks. Diesem Prinzip sind sie bis heute treu geblieben. Das Resultat: Aus ihrem rund 100 Quadratmeter großem Laden im Tante-Emma-Stil expandierten sie Schritt für Schritt weiter, wobei sie ihre Aktivitäten sogar über die Grenzen Deutschlands ausdehnten. Inzwischen ist Aldi der drittgrößte Lebensmitteleinzelhändler der Bundesrepublik und die beiden Albrecht-Brüder sind Milliardäre. Theo Albrecht gilt mit seinem geschätzten Vermögen von 22 Milliarden Euro zur Zeit als reichster Mann Europas!

Dabei ist man bei Aldi seit jeher seinem Erfolgsprinzip treu geblieben und hat stets danach gehandelt. Dabei galten folgende grobe Richtlinien:

1. Einfaches Sortiment von Lebensmitteln und Gütern des täglichen Bedarfs. Keine oder wenig Markenartikel.

[32] *Quelle: coolibri, Mai 2000, Seite 44*

2. Einfache Ladenräume. Keine Dekoration, kein Styling, kein Einkaufsradio.
3. Einfache Führung. Keine Jahresplanung, keine Marktforschung, keine Unternehmensberater, keine Umfragen bei Kunden.
4. Einfache Abrechnung.
5. Einfacher Arbeitsstil auf allen Ebenen.
6. Gute Bezahlung der Mitarbeiter.[33]
7. Günstiges Angebot.

Im Grunde ist Aldi trotz der Expansion relativ schlank geblieben und gibt den sich daraus ergebenden geldlichen Vorteil an Kunden, an Mitarbeiter und natürlich auch an die Firmeninhaber selbst weiter. Die tatsächliche Intelligenz der Gründer bestand darin, an diesem überaus erfolgreichem Prinzip festzuhalten und stets danach zu handeln!
All das bedeutet nicht, dass der einfache Weg immer der bessere ist. Aber wir können vom Erfolg der Aldi-Gründer folgendes Prinzip herleiten:

Solange einen der erfolgreiche Weg weiterführt,
sollte man ihn weitergehen.

Und:

Man muss den Erfolg nicht komplizierter machen, als er ist.

Understatement als Erfolgsrezept
Erfolg wird von vielen Menschen an dem gemessen, was sie besitzen und was sie vorzeigen können. Interessanterweise habe ich bei vielen wirklich erfolgreichen Menschen eine Umkehrung dieses Prinzips festgestellt. Diejenigen, die wirklich erfolgreich und vermögend sind, protzen nicht, sie kultivieren tatsächlich Understatement!

Betrachten wir zunächst das Gegenteil. Jemand steigt in einen neuen Arbeitsbereich ein, der ihm sagenhaften Erfolg in Aussicht stellt – etwa im Strukturvertrieb der Finanzdienstleistungsbranche. Statt aber zunächst aktiv zu handeln, Kunden zu besuchen und Abschlüsse unter Dach und Fach zu bringen, gibt er sein Geld so aus, als wäre er schon Millionär. Er kauft sich

[33] *Quelle: BIZZ Capital, Mai 2000, „Von Aldi lernen", Seite 27ff und Aldi-Homepage.*

eine teure Breitling-Uhr, gibt seine gesamten Ersparnisse für erstklassige Anzüge aus und lässt sich auf die Warteliste setzen, um stolzer Besitzer eines brandneuen SLK zu werden. In der Zwischenzeit least er schon einmal ein gebrauchtes Modell, das seinem neuen Status zumindest annähernd gerecht wird. Wenn er es auf die Spitze treibt, mietet er sich auch noch ein Büro an – mit einem 5-Jahres-Mietvertrag – und lässt es mit massiven Holzmöbeln ausstatten. Dieser Mensch sieht ungeheuer erfolgreich aus. Seine Kleidung ist gepflegt, in seinen Geschäftsräumen riecht es geradezu nach Geld. Aber er ist auf dem besten Wege, bankrott zu gehen! Warum? Weil er versucht hat mehr zu sein, als er ist. Und natürlich auch, weil er nicht zuerst produziert hat, um genug Geld zu verdienen, um sich all das, was er schon immer haben wollte, auch leisten zu können.

Diese Idee, alles mögliche haben zu müssen, ist kein guter Ratgeber. Und sie führt nicht zu intelligentem Handeln, das in Erfolg mündet. Ganz im Gegenteil! Tatsächlich sind viele Menschen dadurch reich geworden, dass sie einen einfachen Lebensstil kultiviert haben. Und viele haben diesen auch dann noch beibehalten, als sie sich schon viel mehr leisten konnten. Vance Packard beschrieb in seinem Buch *Die Ultra-Reichen,* dass viele der wirklich vermögenden Menschen einen recht einfachen Lebenstil an den Tag legen. So etwa Sam Walton, der 1987 als reichster Mann Amerikas galt und uns als Betreiber von Wal-Mart ein Begriff ist. Er fuhr damals gewöhnlich mit einem alten Ford durch die Stadt, lebte auf einer Ranch und verbrachte viel Zeit im Gespräch mit Freunden in einem Café am Ort. Warren Buffett, der 1986 als der fünftreichste Mann Amerikas galt, lebte 30 Jahre in ein und demselben Haus, und zwar einem Modell, das für die obere Mittelschicht typisch war. Kein Schloss, keine High-Tech-Villa, sondern nur ein knapp über dem Durchschnitt liegendes Anwesen.[34]

Dann gab es da noch den Geschäftsmann, der durch den Verkauf von Matratzen reich geworden war und auf seinen Geschäftsreisen lieber in einer seiner Filialen (auf einer seiner eigenen Matratzen also) übernachtete, als in einem Hotel. Oder den Millionär, der gewöhnlich mit ausgewaschenen Jeans in der Weltgeschichte herumspazierte.

[34] *Quelle: Vance Packard, Die Ultra-Reichen: Anatomie eines amerikanischen Phänomens, Düsseldorf/Wien/New York, 1990, Seite 215*

Du siehst, Erfolg ist nicht nur das, was man sehen kann. Und er wird nicht dadurch erreicht, dass man protzt.

Erfolg besteht er darin, erfolgreiches Handeln weiterzuführen und erfolglose Tätigkeiten fallen zu lassen!

Das ist das ganze Geheimnis der fünften Erfolgskomponente, des Handelns! Recht einfach, nicht wahr?

Der Bereich, der mir persönlich den größten Erfolg beschert hat, ist die Finanzdienstleistungsbranche. Daher möchte ich diesem Thema in einem separaten Kapitel besondere Aufmerksamkeit schenken. Wer weiß, vielleicht bietet sich dort auch für Dich eine Möglichkeit, überaus erfolgreich zu werden.

Leitsätze:

- ❑ Es gibt keine Grenzen – wenn Du bereit bist, sie zu überschreiten! (Sharon Stone)
- ❑ Solange einen der erfolgreiche Weg weiterführt, sollte man ihn weitergehen.
- ❑ Man muss den Erfolg nicht komplizierter machen, als er ist.
- ❑ Erfolg besteht er darin, erfolgreiches Handeln weiterzuführen und erfolglose Tätigkeiten fallen zu lassen!

Selbstprüfung

1. Welche Erkenntnisse habe ich aus dem letzten Kapitel gewonnen?

2. Welche Erkenntnisse lassen sich auf mein Leben übertragen?

3. Womit beginne ich sofort?

3. Erfolgsrezept Strukturvertrieb

Eine der besten zur Zeit existierenden Methoden, um sowohl reich wie auch erfolgreich zu werden, ist der Strukturvertrieb im Finanzdienstleistungsbereich. Hier bietet sich grundsätzlich jedem Menschen die Gelegenheit, sein Leben in eine positive Richtung zu lenken, aufzusteigen und viel Geld zu verdienen. Er muss dafür nicht einmal besondere Ideen mitbringen oder Geld investieren. Alles, was er benötigt, ist er selbst und seine Initiative. Der Rest wird ihm zur Verfügung gestellt.

Doch worum handelt es sich bei dieser Organisationsstruktur eigentlich? Für wen eignet sich die Karriereleiter eines solchen Vertriebs, und wer sollte lieber die Finger davon lassen? Und: Worin unterscheidet sich diese moderne Vertriebsform von den sonst üblichen, konservativen Organisationsstrukturen?

Wie ein Strukturvertrieb aufgebaut ist

Genau wie bei jeder anderen Organisation verfügt ein Strukturvertrieb über verschiedene Mitarbeiter- und Führungsebenen. Darin unterscheidet er sich nicht von anderen Unternehmen, wie etwa Automobilherstellern und Banken. Sogar die katholische Kirche ist nach dem Hierarchieprinzip aufgebaut, wo nach Pastoren und Bischöfen an oberster Stelle der Papst steht.[35] Völlig anders allerdings steht es um die Aufstiegs- und Gewinnchancen. Doch betrachten wir zunächst wie die Stufen der Karriereleiter eines Strukturvertriebs aussehen.

Als Beispiel gebe ich hier den Aufbau meines eigenen Vertriebs wieder. Andere Strukturvertriebe sind nach einem ähnlichen Schema aufgebaut, auch wenn die Titel der verschiedenen Stufen anders lauten.

[35] *Manchmal lasse ich das als nette Auflockerung in meine Seminare einfließen: Weißt Du, wann der Strukturvertrieb erfunden wurde? Vor etwa 2.000 Jahren. Damals hatte sich ein außergewöhnlich fähiger Mann zwölf Direktoren gesucht und seine Ideen über sie an den Mann bringen lassen. Und heute gibt es in jedem Dorf und jeder Stadt eine Geschäftsstelle. Worum es sich dabei handelt? Um die Kirche!*

E. = Einheiten

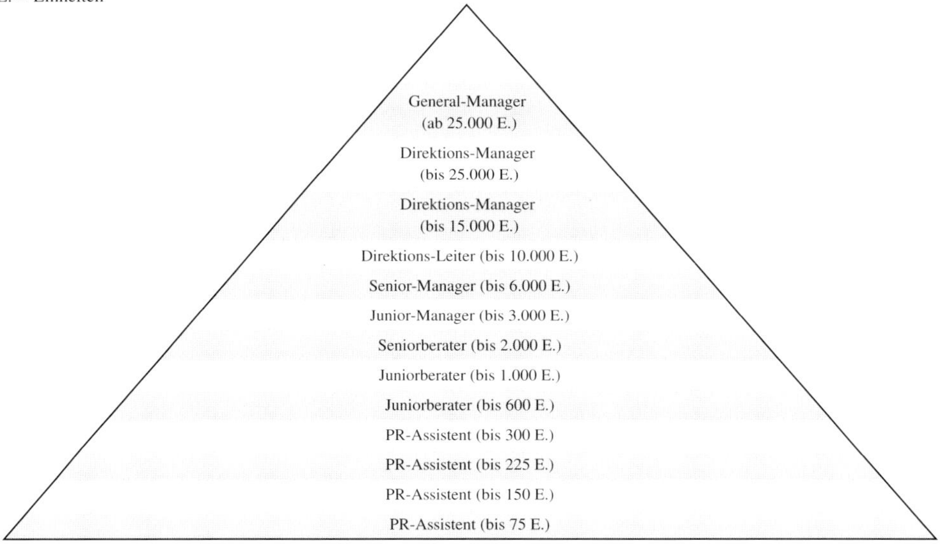

Naturgemäß gibt es mehr Mitarbeiter auf unteren Stufen als Führungskräfte auf hohen Stufen, wobei die Verteilung in der Praxis nicht so gleichmäßig aussieht wie in der obigen Pyramide. Aber sie veranschaulicht das Schema, dass man immer mehr Mitarbeiter unter sich hat, je höher man aufsteigt.

Der Einsteiger beginnt als PR-Assistent. Dies kann als Vollzeit- oder Teilzeittätigkeit geschehen. Gewöhnlich beginnt der Einstieg nebenberuflich, was den Vorteil hat, dass der existierende Beruf als Einnahmequelle fungiert, während man sich mit dem Verkauf im Strukturvertrieb erst einmal vertraut machen kann. Als PR-Assistent absoviert man ein Praktikum, das ein bis zwei Monate dauert. Während dieser Zeit hat der neue Mitarbeiter die Möglichkeit, die Branche und die Arbeitsweise kennen zu lernen. Er setzt sich sowohl mit fachlichen wie auch verkäuferischen Themen und Aufgaben auseinander und stellt so fest, ob er im Strukturvertrieb seine neue berufliche Heimat gefunden hat. Es handelt sich also im Grunde um eine Probezeit oder Kennenlernphase, auf die die hauptberufliche Tätigkeit folgt.

Als Juniorberater steigt der eigene Provisionsanteil. Man bekommt also für den Verkauf der gleichen Produkte mehr Geld wie auf der Stufe des PR-Assistenten. Zudem erhält man von dieser Stufe an aufwärts die Möglichkeit, sich eine eigene „Struktur“ aufzubauen, also neue Mitarbeiter anzuwerben, die einem selbst unterstehen. Damit bringt man einen Hebeleffekt in Gang, denn man verdient von nun an nicht nur an seinen eigenen Verkäufen (dem Eigenumsatz), sondern ist auch an den Ergebnissen seiner eigenen Mitarbeiter (Fremdumsatz) beteiligt.

Steigt man schließlich zum Direktions-Leiter oder höher auf, steigt der Anteil der eigenen Provision und man verdient immer mehr Geld. Tatsächlich sind fünfstellige Summen im Monat schon nach einem Jahr keine Seltenheit. Zudem verändert sich die Art der eigenen Arbeit. Je höher man steigt, desto weniger muss man selbst verkaufen. Stattdessen kümmert man sich verstärkt um seine Mitarbeiter und lässt diese für sich arbeiten, während man gleichzeitig sein eigenes Know-how an sie weitergibt.

Die jeweiligen Vorgaben, um zur nächsten Stufe aufzusteigen, variieren von Vertrieb zu Vertrieb.

Explosionsartiger Provisionsanstieg inklusive

Anders als beim üblichen Vertrieb von Versicherungen, wo der Vertreter einen festen Provisionssatz erhält, wird die Provision beim Strukturvertrieb auf die verschiedenen Stufen aufgeteilt.

Angenommen es wird eine Gesamtprovision von 30 Promille auf einen Lebensversicherungsvertrag über 100.000 Euro, der von einem Vertriebsbeauftragten abgeschlossen wird, gezahlt, so entspricht das 3.000 Euro Gesamtprovision. Beim Strukturvertrieb wird diese Summe auf die verschiedenen Stufen nach einem Schema der folgenden Art aufgeteilt:

Stufe	**Promilleanteil**
General-Manager (ab 25.000 Einheiten)	1 ‰
Direktions-Manager (bis 25.000 Einheiten)	1 ‰
Direktions-Manager (bis 15.000 Einheiten)	2 ‰
Direktions-Leiter (bis 10.000 Einheiten)	3 ‰
Senior-Manager (bis 6.000 Einheiten)	3 ‰
Junior-Manager (bis 3.000 Einheiten)	3 ‰
Seniorberater (bis 2.000 Einheiten)	3 ‰
Juniorberater (bis 1.000 Einheiten)	2 ‰
Juniorberater (bis 600 Einheiten)	4 ‰
PR-Assistent (bis 300 Einheiten)	2 ‰
PR-Assistent (bis 225 Einheiten)	2 ‰
PR-Assistent (bis 150 Einheiten)	1 ‰
PR-Assistent (bis 75 Einheiten)	3 ‰

Wird derselbe Vertrag mit der gleichen Gesamtprovision von einem Mitarbeiter höherer Stufe – beispielsweise einem Seniorberater – abgeschlossen, verändert sich die Provisionsverteilung wie folgt:

Stufe	**Promilleanteil**
General-Manager (ab 25.000 Einheiten)	1 ‰
Direktions-Manager (bis 25.000 Einheiten)	1 ‰
Direktions-Manager (bis 15.000 Einheiten)	2 ‰
Direktions-Leiter (bis 10.000 Einheiten)	3 ‰
Senior-Manager (bis 6.000 Einheiten)	3 ‰
Junior-Manager (bis 3.000 Einheiten)	3 ‰
Seniorberater (bis 2.000 Einheiten)	17 ‰

Dieses Prinzip birgt Vor- und Nachteile. Der Nachteil besteht darin, dass man als Einsteiger zunächst Lehrgeld zahlt, da man eine geringere Provision erhält, als es bei einem normalen Versicherungsvertreter der Fall ist. Dafür wird man entschädigt, wenn man die Karriereleiter nach oben steigt und an den Umsätzen seiner untergebenen Strukturen beteiligt ist. Dann steigt der eigene Verdienst nämlich explosionsartig an. Dies lässt in der gesamten Struktur eine ungeheure Dynamik entstehen, die die Grundlage für den Erfolg von Strukturvertrieben bildet.

Strukturvertrieb kontra klassische Organisationsstruktur

Vergleichen wir an dieser Stelle den Aufbau eines Strukturvertriebs mit einer klassischen Organisationsstruktur. Schematisch dargestellt, sieht der Aufbau eines Strukturvertriebs wie folgt aus:

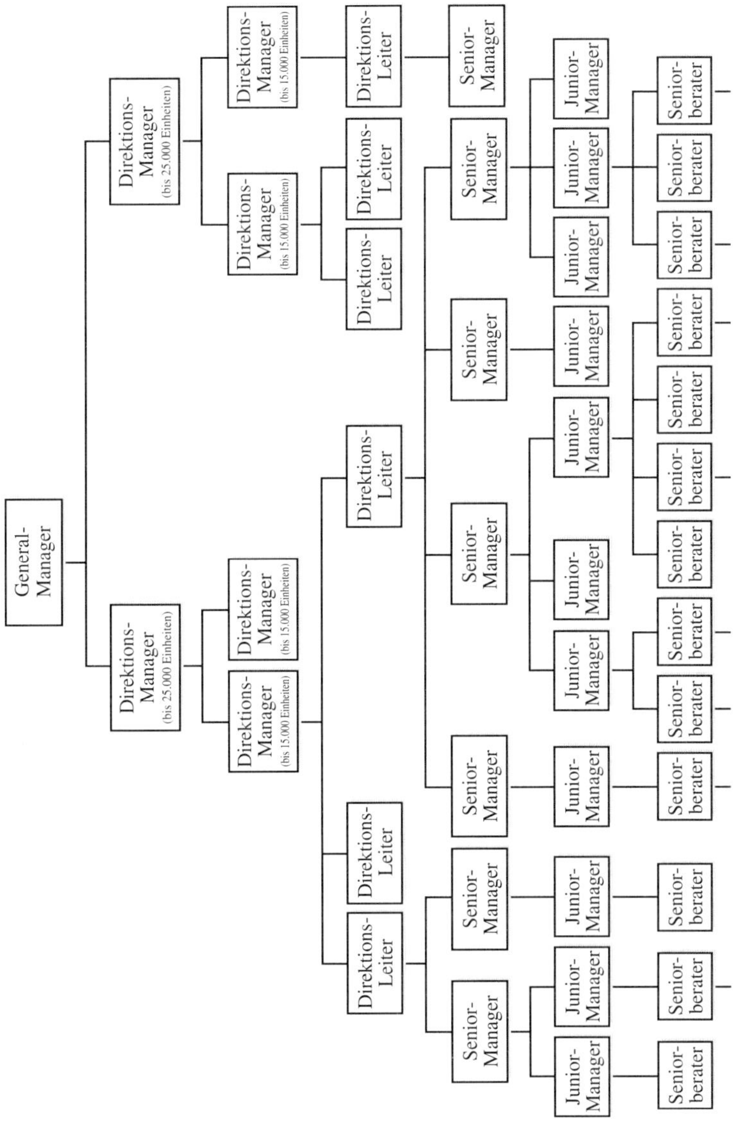

Dieses Strukturgebilde breitet sich je nach Größe des Karriereplans nach unten weiter aus.

Ein klassisches Unternehmen ähnelt der Abbildung auf der vorherigen Seite weitaus mehr, als man denken würde. Sicher, die Postenbezeichnungen sind völlig anders, die Struktur selbst ist aber gar nicht so unterschiedlich:

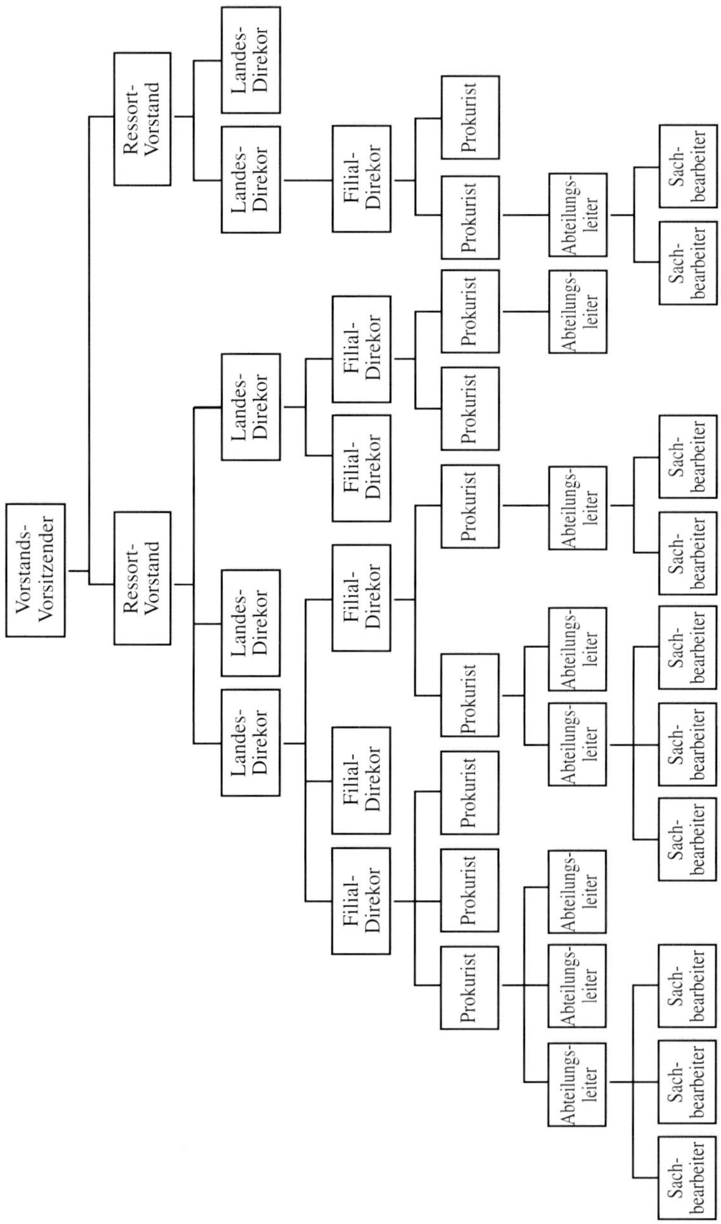

Beim klassischen Unternehmen hat sicherlich auch jeder die Chance, bis zur Spitze des Unternehmens aufzusteigen, wobei ein Aufstieg oft nur möglich ist, wenn höhere Positionen frei werden und neu besetzt werden müssen. Auch spielt hier Vitamin B eine Rolle, was zuweilen dazu führt, dass weniger qualifizierte Mitarbeiter schneller aufsteigen, weil sie die besseren Beziehungen haben. Generell kann gesagt werden, dass man sich bei dieser Organisationsform in Geduld üben muss, um wirklich an die Spitze zu gelangen.

Eine Besonderheit des Strukturvertriebs besteht darin, dass sich die Mitarbeiter anhand der vorgegebenen *Karrierepläne* Zeitpläne ausarbeiten. Das bedeutet, dass sie sich Ziele setzen, wann sie welche Stufe innerhalb der Struktur erreichen wollen und sich ausarbeiten, was an Aktion ihrerseits nötig ist, um das jeweilige Ziel zu schaffen. Die Erfolgskomponente *Ziele* ist also bereits in dieses System integriert, was bei klassischen Unternehmen nicht der Fall ist.

KARRIEREPLAN

Position	Titel	erford. Umsatz (E. = Einheiten)	Provision	Differenz	
1	PR-Assistent	bis 75 E.	3,00	·/·	PR-Aktivitäten
2	PR-Assistent	bis 150 E.	4,00	1,00	
3	PR-Assistent	bis 225 E.	6,00	2,00	
4	PR-Assistent	bis 300 E.	8,00	2,00	
5	Juniorberater	bis 600 E.	12,00	4,00	Verkauf
6	Juniorberater	bis 1.000 E.	14,00	2,00	
7	Seniorberater	bis 2.000 E.	17,00	3,00	
8	Junior-Manager	bis 3.000 E.	20,00	3,00	Management
9	Senior-Manager	bis 6.000 E.	23,00	3,00	
10	Direktions-Leiter	bis 10.000 E.	26,00	3,00	
11	Direktions-Manager	bis 15.000 E.	28,00	2,00	
12	Direktions-Manager	bis 25.000 E.	29,00	1,00	
13	General Manager	ab 25.000 E.	30,00	1,00	

Natürlich stimmt es, dass auch im Strukturvertrieb nicht jeder bis an die Spitze kommt. Doch schafft es ein weitaus höherer Prozentsatz von Menschen in kürzerer Zeit aufzusteigen, als es bei konservativen Firmenstrukturen der Fall ist. Außerdem kann die Zahl der Mitarbeiter jeder Ebene – und das gilt bis hinauf zum General-Manager – beliebig ausgeweitet werden.

Das Argument der Kritiker, dass „nur ein kleiner Prozentsatz der Mitarbeiter im Strukturvertrieb bis nach ganz oben kommt", ist meiner Ansicht nach zwar richtig, doch könnte man es genauso gut auf andere Organisationen anwenden. Oder glaubst Du, jeder Mitarbeiter einer großen deutschen Bank würde es bis an die Spitze dieser Bank schaffen? Sicher nicht! Das würde ihre Vorstandsetage sprengen!

Für die Leitung eines Strukturvertriebs oder dessen Initiator entsteht ein ungeheurer Vorteil dadurch, dass nur für tatsächlich geleistete Produktion Provision anfällt. Es gibt gewöhnlich kein Fixum oder festes Gehalt, weshalb man nicht an schwerverdauliche Fixkosten gebunden ist.

Dieses eher amerikanische Prinzip – Geld im Verhältnis zur Leistung – ist für uns in Deutschland ein wenig ungewohnt, denn bei uns ist es seit Jahrzehnten üblich, mit festen Gehältern zu arbeiten. Tatsächlich bewirkt provisionsabhängige Bezahlung aber einen ungeheuren Motivationsschub, wodurch sich der Erfolg vieler Strukturvertriebe erklärt.

Als „Struki", wie man Mitarbeiter innerhalb eines Strukturvertriebs auch nennt, lebt man nicht das Leben eines Beamten oder braven Angestellten. In der Tat ist der Job eher mit dem Aufbau eines Franchiseunternehmens zu vergleichen. Man erhält sozusagen die Lizenz, nach einem bestimmten Schema zu arbeiten. Unterlagen, vorgefertigte Produkte, Ideen und vieles mehr werden zur Verfügung gestellt, und man kann so viel Energie in seine eigene Struktur investieren, wie man will. Dadurch ist sowohl die unternehmerische Verantwortung größer, man verdient aber auch weitaus mehr. Und all das ohne das finanzielle Risiko, das gemeinhin mit einer selbständigen Tätigkeit verbunden ist.

Es existiert ein weiterer Faktor, der im Strukturvertrieb besonders auffällt: All jene, die sich weit oben auf der Karriereleiter befinden, verdienen am meisten durch viele Mitarbeiter auf unteren Stufen. Dadurch sind sie natürlich sehr daran interessiert, dass die Newcomer auf den unteren Stufen Umsatz schreiben. Ergo kümmern sie sich auch um sie und helfen ihnen dabei, gut zu verdienen, was sie wiederum in der Struktur aufsteigen lässt. Ein Prinzip, bei dem jeder gewinnt.

Qualifikationen für „Strukis"

Im Laufe meiner Karriere als „Struki" habe ich mit unzähligen Bewerbern Gespräche geführt und bin immer wieder gefragt worden, was für Qualifikationen man mitbringen muss, um in diesem Bereich erfolgreich zu sein. Dabei habe ich – insbesondere in meiner Anfangszeit – versucht, Kriterien herauszuisolieren. Aber ich will ganz ehrlich zu Dir sein: Diese Frage kann ich nicht beantworten, bevor ich nicht gesehen habe, was jemand tun kann und wird. Ich habe viele Menschen kennen gelernt, die sowohl intelligent, wie auch motiviert waren und darüber hinaus auch einen adretten Eindruck machten, es aber nicht geschafft haben, weiterzukommen. Auf der anderen Seite kamen Bewerber zu mir, die nicht gerade die klügsten waren, keinen erfolgversprechenden Eindruck machten, und denen ich nur „eine Chance geben" wollte, die über sich hinauswuchsen, lernten, was das Zeug hielt, nie darüber nachdachten, dass sie scheitern könnten und einen unglaublichen Fleiß an den Tag legten. Innerhalb weniger Jahre wurden sie zu Top-Führungskräften mit entsprechendem Einkommen.

Aufgrund dieser Erfahrung bin ich zu dem Schluss gekommen, dass niemand im Vorhinein mit Sicherheit sagen kann, ob sich jemand für die Arbeit im Strukturvertrieb eignet oder nicht.
Der einzige wirkliche Faktor, der darüber entscheidet, wie weit es jemand im Strukturvertrieb bringt, lautet:

Tut er es?

Das ist alles. Gleichzeitig beweist es, dass jeder eine Chance hat, egal, über welche Fähigkeiten er zu verfügen scheint. Jeder kann mehr aus sich machen, seine Kleidung verbessern, sich weiterbilden, seine Talente entfalten und über sich hinauswachsen. Und genau das ist die Entwicklung die ich im Strukturvertrieb immer wieder beobachtet habe.

Im Grunde muss jemand über drei besondere Fähigkeiten *verfügen oder diese entwickeln und sie auch umsetzen*, wenn er in der Struktur aufsteigen will. Diese sind:
(1) Er muss Kunden das Produkt verkaufen.
(2) Er muss neuen Mitarbeitern eine berufliche Zukunft verkaufen.
(3) Er muss seine Mitarbeiter führen.

Wer dies umsetzt – und zwar in der richtigen Qualität und Quantität – kann nicht anders, als Erfolg zu zeitigen!

Angriffe auf den Strukturvertrieb

Wie schon an früherer Stelle erwähnt, kann man in dieser Welt nichts richtig machen, ohne gleichzeitig Zielscheibe von irgendwelchen Interessengruppen zu werden. Auch beim Thema Strukturvertrieb ist das nicht anders. Seit den Tagen der IOS, der amerikanischen *Investors Overseas Services Ltd.*, die in den sechziger Jahren in Deutschland Fuß fasste, kennen wir in unserem Land Strukturvertriebe. Aus der IOS gingen später die Bonnfinanz AG, die DVAG (Deutsche Vermögensberatungs AG), die OVB (Objektive Vermögens Beratung), HMI (Hamburg-Mannheimer-Investment) und andere hervor. Diese vor wenigen Jahrzehnten auf die braven Bundesbürger losgelassene Bewegung führte natürlich dazu, dass diejenigen, die bis dahin den Spargroschen der Deutschen verwalteten, Geschäftseinbußen hinnehmen mussten. Entsprechend unfreundlich wurden sie dabei, die neuen Strukturvertriebe mit Hilfe der Presse und anderen wenig feinfühligen Methoden zu bekämpfen. Neben ihren eigenen finanziellen Interessen mag sicherlich auch die schon zuvor erwähnte, eingefleischte Abneigung gegen Veränderungen eine Rolle gespielt haben.

Wichtig ist dabei letztendlich das vermittelte Produkt – und nicht, wer es an den Mann bringt. Daher sind generelle Angriff auf „Strukturvertriebe" nicht besonders intelligent. Es wäre vernünftig, die Qualität der verkauften Produkte zu untersuchen und sich dementsprechend ein Bild zu machen. Wer sie wie vertreibt ist eigentlich sekundär, solange es sich um gute Produkte handelt. Und da Strukturvertriebe die gleichen Produkte verkaufen wie Versicherungsvertreter und Bankangestellte, ist es ein wenig lächerlich, wenn letztgenannte versuchen, den Strukturvertrieb herunterzumachen.

Selbst Bücher, die über Strukturvertriebe herziehen, kommen – wenn sie ehrlich geschrieben sind – zu dem Schluss, dass der Strukturvertrieb eine hervorragende Verkaufsform darstellt, solange die Produkte vom Preis-/Leistungsverhältnis in Ordnung sind. Ich will damit nicht ausschließen, dass in diesem Bereich auch schwarze Schafe tätig sind. Wenn viel Geld im Spiel ist, finden sich immer einige, die die fairen Spielregeln beugen und andere übervorteilen.

Wichtig ist, hierbei sein Schubladendenken und sämtliche Vorurteile abzulegen und sich einer positiven Geisteshaltung zu befleißigen. Dann wird man schnell erkennen, dass sich einem in diesem Wirtschaftszweig ungeahnte Chancen bieten.

Ein Kritikpunkt betrifft die potentiellen Kunden der neuen Mitarbeiter im Strukturvertrieb. Diese verkaufen nämlich sehr häufig an Verwandte und Bekannte – was insofern einfacher ist, als zu diesen Personen ein Vertrauensverhältnis besteht. Aber was ist eigentlich schlimm daran, wenn man diese Menschen auf ein gutes Produkt aufmerksam macht? Das macht man doch auch, wenn man beispielsweise ein neues Restaurant kennen lernt und von Essen und Service begeistert ist. Dann erzählt man das auch weiter. Genauso verhält es sich, wenn man einen guten Arzt hat. Den empfiehlt man gerne weiter. Warum also nicht auch gute Finanzprodukte?

Wie man die Karriereleiter erfolgreich nach oben steigt

Der Vorteil eines Strukturvertriebs besteht darin, dass man all das zur Verfügung hat, was man für seinen Erfolg benötigt. Sowohl die Produkte, wie auch Werbung und eine komplette Unternehmensstruktur mitsamt Schulungen und Seminaren existieren bereits. Alles, was man noch benötigt, ist die Fähigkeit zu handeln. Und das ist der Faktor, der letzten Endes über Erfolg entscheidet: Kann man es tun? Wird man es tun? Und wird man genug davon tun, um weiter nach oben zu steigen?

Es ist im Grunde recht simpel. Wenn man seine Quote an Verkaufsterminen wahrnimmt und gut verkauft, parallel neue Mitarbeiter gewinnt und diese zum Verkaufen bringt, hat man es geschafft!

Betrachtet man als Newcomer die Provisionen, die die Führungskräfte auf den höchsten Stufen eines Strukturvertriebs einstreichen, kann einem leicht schwindelig werden. Man sagt sich dann: „Mein Gott, das schaffe ich ja nie!" Um das zu verhindern, arbeitet man – als Etappenziel – immer auf die nächste Karrierestufe hin. Frei nach dem Motto: Jede Reise beginnt mit dem ersten Schritt! In diesem Fall als PR-Assistent, während man darauf hinarbeitet, Juniorberater zu werden. Man investiert einige Wochen Zeit, bringt – je nach Versicherungssumme – vier oder fünf Verträge unter Dach und Fach, und schon hat man die Stufe des Juniorberaters erreicht. Nun richtet man seine Aufmerksamkeit auf das nächste Ziel, die Position des Direktions-Leiters. Da die Vorgaben hierfür höher gesteckt sind, und man alleine sehr hart arbeiten müsste um sie zu erreichen, sucht man sich Mitarbeiter, die einen dabei unterstützen. Hierbei lernt man, mit größeren Zahlen umzugehen und Mitarbeiter zu führen. Dieses Prinzip setzt sich entsprechend der eigenen Fähigkeit fort. Phantastisch, nicht wahr?

Das kleine Einmaleins des Strukturvertriebs

Im Prinzip ist es unheimlich einfach, im Strukturvertrieb erfolgreich zu sein. Man muss nur die grundlegenden Regeln befolgen, die ich auch als das kleine Einmaleins bezeichne.

Das bedeutet zum einen, dass man – selbst wenn man nebenberuflich einsteigt – Zeit investieren muss. Dieser Faktor ist unabdinglich.

Als nächstes muss man sich eine Liste potentieller Kunden zusammenstellen, diese kontaktieren, terminieren, den Termin wahrnehmen, sie durch das Beratungsgespräch führen und ihnen das verkaufen, was sie benötigen. Fünf bis sieben Termine pro Woche sind Standard.

Stabilität und erneute Motivation erhält man, indem ein täglicher Kontakt mit dem strukturhöheren Mitarbeiter aufrechterhalten wird, der einem über die auftretenden Barrieren hinweghelfen kann.

Und: Man muss das Eisen schmieden, solange es warm ist! Wenn man gerade eine Schulung mitgemacht hat und hochmotiviert aus dem Vortragsraum herauskommt, darf man nicht zögern oder das Gelernte „erst einmal sacken lassen". Man muss die Motivation direkt nutzen und die ersten Termine vereinbaren! Mit anderen Worten: Es ist nötig, dass man sofort handelt!

Wenn man diese grundlegenden Aspekte berücksichtigt, kann man einfach dadurch, dass man es tut, erfolgreich werden. Es ist so einfach – aber man muss es tun! Und schon steigt man auf der Karriereleiter nach oben!

Leitsätze:

- ❑ Der Strukturvertrieb von Finanzprodukten bietet seinen Mitarbeitern folgende Vorteile:
  - Außergewöhnlich gute Aufstiegs- und Verdienstchancen
  - Einstieg ohne finanzielle Verpflichtung
  - Quasi-Selbständigkeit mit der Möglichkeit, eine eigene Struktur aufzubauen
  - Schulung und Ausbildung
  - Einstieg auch ohne Vorkenntnisse
- ❑ Der einzige wirkliche Faktor, der darüber entscheidet, wie weit jemand es im Strukturvertrieb bringt, lautet: Tut er es?
- ❑ Im Grunde muss jemand über drei besondere Fähigkeiten verfügen oder diese entwickeln und sie auch umsetzen, wenn er in der Struktur aufsteigen will. Diese sind:
  (1) Er muss Kunden das Produkt verkaufen.
  (2) Er muss neuen Mitarbeitern eine berufliche Zukunft verkaufen.
  (3) Er muss seine Mitarbeiter führen.

Selbstprüfung

1. Welche Erkenntnisse habe ich aus dem letzten Kapitel gewonnen?

2. Welche Erkenntnisse lassen sich auf mein Leben übertragen?

3. Womit beginne ich sofort?

4. Partnerschaftliche Unterstützung als Erfolgsstrategie

Ein Faktor, der Deinen Tatendrang enorm steigern kann, ist die Unterstützung Deines Lebenspartners. Vielleicht hast Du schon einmal den Spruch gehört „Hinter jedem erfolgreichen Mann steht eine starke Frau!" Abgesehen davon, dass es auch anders herum geht, verbirgt sich hier eine überaus wichtige Erfolgsstrategie.

Motivation durch seelische Unterstützung

In einer intakten Beziehung können wir davon ausgehen, dass Dein Partner diejenige Person ist, die Dir am nächsten steht. Entsprechend hoch ist der Einfluss auf Dich. Wenn Dein Partner Dir also seelische Unterstützung zukommen lässt, Dich für Deine Erfolge lobt und Dich dazu ansporn weiterzumachen, dann wirst Du gleichzeitig zu neuen Höchstleistungen angespornt!

Du darftst die kreative Energie, die aus einer Beziehung entspringt, niemals unterschätzen.

Tatkräftige Mitarbeit als zusätzlicher Gewinn

Neben der rein seelischen Unterstützung kann einem der Partner auch tatkräftig zur Seite stehen. Je höher man auf der Karriereleiter steigt, um so mehr Verwaltungsarbeit fällt gewöhnlich an. Wenn diese dem Partner liegt, ist es naheliegend, dass er sie übernimmt. Dadurch spart man sich Fixkosten, die vor allem in der Anfangsphase jeder Selbständigkeit vermieden werden sollten. Dieses Prinzip ist nicht neu. Ich weiß von vielen Handwerkern, die fleißig ihrem Job nachgehen, und die Buchhaltung und Schreibarbeit ihren Frauen überlassen. Eine erfolgreiche Kombination, die man nutzen sollte.

Ich selbst kenne dieses Prinzip aus meiner eigenen Erfahrung. Insbesondere meine dritte Frau hat mich bei der Gründung und dem Aufbau meines ersten eigenen Strukturvertriebs enorm unterstützt. Während ich den Außendienst aufbaute, kümmerte sie sich erfolgreich um den Innendienst. Sie handhabte die Buchhaltung, erledigte die Korrespondenz, stand den Verwaltungsmitarbeitern mit Rat und Tat zur Seite und war für mich eine wichtige Stütze. Selbst als sie schwanger war, hat sie sich voll eingesetzt und bis eine Woche vor der Entbindung unserer jüngsten Tochter aktiv am Geschehen teilgenommen.

Meine jetzige Frau unterstützt mich auf andere Art und Weise. Wenn es vorkommt, dass ich nicht gut drauf bin, päppelt sie mich schnell wieder auf – was insbesondere zu Beginn unserer Beziehung nötig war. Bei negativen Äußerungen von anderen, verteidigt sie unsere Sache und ist vom Thema Strukturvertrieb genauso begeistert wie ich. Sie war es auch, die mich dazu gebracht hat, mich auf das zu konzentrieren, was ich am besten kann: einen Strukturvertrieb aufzubauen und in ihm zu arbeiten! Wir sind somit ein ideales Gespann!

Natürlich ist es kein Muss, dass der Partner mit einem zusammenarbeitet. Es ist einfach eine Möglichkeit, die für beide einen finanziellen Vorteil birgt und den Faktor Vertrauen mit einschließt.

Es geht auch anders

Falls der Fall vorliegt, dass der Lebenspartner Zweifel an Deinem beruflichen Weg hat, ist das obige Prinzip nicht anzuraten. Ich habe so etwas bei meiner zweiten Frau erlebt, wo ich einen „Zwei-Fronten-Krieg" führen musste. Zum einen musste ich mich darum kümmern, mir eine neue Existenz aufzubauen, darüber hinaus wurde ich von ihr immer wieder mit negativen Glaubenssätzen konfrontiert. Solch eine Situation ist für beide Partner unangenehm und – aufgrund der engen Bindung – ein Faktor, der zum Fehlschlag führen kann. Das gilt sowohl in der Finanzdienstleistungsbranche, wie auch in jedem anderen Bereich. Sollte dies der Fall sein, so darf man seinen Partner nicht in die eigenen Geschäftsaktivitäten mit einbeziehen. Das würde einfach nicht funktionieren.

Ein paar kleine Tipps am Rande

Weiterhin sollte man darauf achten, dass die Beziehung oder Ehe nicht unter dem Beruf leidet. Das kann schneller passieren, als es einem lieb ist. Oft stören finanzielle Probleme das harmonische Zusammensein von Mann und Frau. Man sollte also darauf achten, dass der Faktor Geld gut geregelt ist. Darüber hinaus muss man sich einfach Zeit für seine Familie nehmen, denn sonst opfert man sie für seinen Beruf, und das ist nicht gerade ideal. Dieser Fehler ist übrigens recht verbreitet. Selbst Mega-Stars wie beispielsweise Harrison Ford mussten diese Lektion erst lernen. Als er sich 1978 von seiner ersten Frau scheiden ließ, sagte er: „Ich war ein richtiges Ekel, ich habe nur an meine Arbeit gedacht." Aber er hat daraus gelernt und in seiner zweiten Ehe der Familie den Vorrang vor dem Beruf gegeben.[36]

Bleibt zu bemerken, dass man sich grundsätzlich von Anfang an einen Partner suchen sollte, der ähnliche Interessen im Leben verfolgt. Aber das ist ein Thema für sich.

Im schlimmsten Fall kann man immer noch zu den entsprechenden Korrekturmaßnahmen greifen – was Thema des nächsten Kapitels ist.

Leitsätze:

- ❑ Du darftst die kreative Energie, die aus einer Beziehung entspringt, niemals unterschätzen. Lerne, sie zu nutzen!
- ❑ Wenn Dein Lebenspartner Zweifel an Deinem beruflichen Weg hat, sollte er nicht in Deine Geschäftsaktivitäten einbezogen werden.
- ❑ Nimm Dir Zeit für Deine Familie und stelle sie nicht hinter Deinem Beruf zurück!
- ❑ Es empfiehlt sich grundsätzlich, einen Lebenspartner auszuwählen, der im Leben ähnliche Interessen verfolgt wie man selbst.

[36] Quelle: Paul Richardson, P.M. famous, Hamburg, 2/2000, Seite 102ff, „Star und Zimmermann"

Selbstprüfung

1. Welche Erkenntnisse habe ich aus dem letzten Kapitel gewonnen?

2. Welche Erkenntnisse lassen sich auf mein Leben übertragen?

3. Womit beginne ich sofort?

V. Langfristiger Erfolg durch Korrektur

1. Fehler als positive Lebenserfahrung

Wir kommen nun zu einem Thema, über das man gemeinhin nicht gerne spricht. Es handelt sich dabei um Fehler, Fehlschläge, Misserfolge, Pannen, Pleiten und wie auch immer Du es bezeichnen willst. Während Komödianten teilweise davon leben, die Fehler anderer Menschen breitzutreten oder diese geschickt aufbereitet wiederzugeben, können manche Fehler im täglichen Leben fatale Auswirkungen nach sich ziehen, die alles andere als amüsant sind.

Wenn wir einen Fehler machen, so gehen wir sofort davon aus, dass dieser, sollte er bekannt werden, unsere Inkompetenz in einem bestimmten Bereich aufzeigen würde. Das mag der Fall sein, vielleicht aber auch nicht. Auf jeden Fall gehen wir davon aus, dass unsere Position durch publik machen unserer Fehler ins Wanken geraten würde. Ergo halten wir damit hinter den Berg. Schlimmer noch: Wir selbst scheuen uns oftmals, unsere Fehler genau zu betrachten. Damit vertun wir gleichsam die Möglichkeit, ihnen auf den Grund zu gehen und ihre Ursachen aufzudecken. Und damit begehen wir im selben Moment einen weiteren Fehler.

Ich versuche Dich an dieser Stelle nicht davon zu überzeugen, dass Du Deine Fehler vorbehaltlos propagieren solltest. Das würde gegen die Grundgesetze von Public Relations verstoßen. Oft erweist es sich als vorteilhafter, sie für sich behalten. Aber: Fehler kommen vor. Und: Man kann ihnen gegenüber eine negative oder eine positive Geisteshaltung annehmen!

Wenn man Fehler absolut negativ einschätzt, wiegen sie doppelt so schwer. Man macht – aus Unvorsichtigkeit oder Unwissenheit – etwas verkehrt und sagt anschließend zu sich selbst: „Verdammt, was habe ich da wieder angerichtet! Das kann doch nicht sein! Was mache ich jetzt? Am besten ich verstecke die Auswirkungen und denke nicht mehr darüber nach!“ Und natürlich gelingt es einem nicht, die negativen Emotionen, die damit in Verbindung stehen, abzuschütteln. Man grübelt herum, versucht seine tägliche Arbeit zu verrichten, fühlt sich aber etwas weniger kompetent und unwohl. Vielleicht schiebt man die Schuld auf seine Kollegen und verbreitet eine wenig angenehme Arbeitsatmosphäre. Der Spruch „Aus Fehlern wird man klug" findet hier keine Verwendung.

Wenn Du Deine Fehler bisher auf diese Weise „bewältigt" hast, musst Du nicht verzweifeln. Diese Herangehensweise ist durchaus üblich – wenn auch nicht optimal. Betrachten wir daher eine positivere Herangehensweise an einen Fehler.

Man muss sich seine Fehler eingestehen können

Als ich 1988 zusammen mit einem Partner eine eigene Vertriebsgesellschaft gründete, waren wir beide von der Idee so begeistert, dass wir uns nicht mehr an die altbewährten Schemata halten wollten, sondern uns mit der Vision an die Arbeit machten, etwas Neues zu schaffen. Die Grundidee bestand darin, von der üblichen Strukturvertrieb-Philosophie des „Just do it" Abstand zu nehmen und Mitarbeiter so gründlich zu schulen, dass sie mit dem Wissen eines Allround-Profis ausgestattet waren, vergleichbar mit dem eines Versicherungsvertreters oder sogar noch besser. Sie sollten das Thema Fonds genauso gut beherrschen wie das der Lebens- und Sachversicherungen und anderer Finanzdienstleistungsprodukte. Eigentlich eine gute Idee. Wir machten uns keine großen Gedanken über die Durchführbarkeit und gingen Ende 1988 frisch ans Werk. Während mein Partner für Umsatz und somit Einnahmen sorgte, konzentrierte ich mich auf das Rekrutieren und Ausbilden neuer Mitarbeiter.

Mit der Zeit wurde mir klar, dass dieses Konzept – so sehr ich es auch mochte – in der Praxis nicht den gewünschten Erfolg brachte. Während mein Partner nämlich Umsatz schrieb, blieb der Erfolg mit neuen Mitarbeitern aus. Dutzende von Einstellungsgesprächen verliefen im Sande – ganz entgegen meinen Erfahrungen, die ich vorher in der Branche gemacht hatte. Ende Februar 1989 war für mich völlig klar, dass es so nicht weitergehen konnte. Das Konzept war offensichtlich nicht praxisgerecht. Kaum ein Bewerber war daran interessiert, sich großartig schulen zu lassen, geschweige denn, Versicherungsvertreter zu werden. Der Ruf dieses Berufsstandes war eines der Probleme, auf das ich stieß. Hinzu kam, dass die Vielzahl der Produkte, die wir an den Mann zu bringen gedachten, den Horizont der Bewerber überstieg.

Ich hätte an dieser Stelle stur sein und einfach an unserer Vision festhalten können. Mir war aber klar, dass uns ein Fehler unterlaufen war. Ergo blieb nur eines: Korrektur! Wir einigten uns nach eingehenden Gesprächen darauf, wieder zur bewährten Ein-Produkt-Philosophie zurückzukehren. Das bedeutete im Klartext, dass wir nicht eine Vielzahl verschiedener Produkte an den Mann bringen wollten, sondern uns nur noch auf Fonds in Form der fondsgebundenen Lebensversicherung konzentrierten. Dies bedeutete gleichsam, dass die Schulung der Mitarbeiter gezielter durchgeführt werden konnte. Ihre Aktivitäten wurden von diesem Augenblick an nur noch auf dieses eine Produkt ausgerichtet, und für dieses wurden sie motiviert. Zusätzlich wurde der früher erfolgreiche Karriereplan wieder eingeführt. Und sie wurden fortan als „Fonds-Spezialisten" bezeichnet, womit jede Assoziation mit dem negativ belasteten Begriff „Versicherungsvertreter" aufgehoben war.

Das Resultat war verblüffend: Mit einem Mal schienen sich die Barrieren zu verflüchtigen, der Expansion stand nichts mehr im Wege. Im April 1989 verfügten wir über 20 Mitarbeiter, die Umsatz schrieben. Bis zum Jahresende war unser Team auf über 100 aktive Mitarbeiter angewachsen und wir erzielten ein Umsatzvolumen von 17 Millionen Euro! Im Folgejahr – 1990 – erreichten wir mit fast 1.000 Mitarbeitern ein Umsatzvolumen von rund 110 Millionen Euro. Schließlich erzielten rund 3.000 Mitarbeiter im Jahr 1991 365 Millionen Euro Umsatz! Ein absoluter Erfolg! Und warum war das möglich? Weil wir die altbewährten Aktionen, die wir von unserer früheren Tätigkeit im Strukturvertrieb kannten, wieder eingeführt hatten.

Unser eigentlicher Fehler bestand darin, einer typisch deutschen Philosophie zum Opfer gefallen zu sein. Wir wollten „unsere eigenen Ideen und Vorstellungen" umsetzen, nicht dem Vorwurf „Habt ihr denn keine eigenen Ideen?" ausgesetzt sein und begaben uns damit auf unbekanntes und unerforschtes Terrain. Hätten wir das ganze nach amerikanischem Vorbild geplant und durchgeführt, wäre uns dieser Fehler nicht unterlaufen. Die Amerikaner arbeiten nämlich gerne nach dem „Model of Excellence"-Prinzip. Das bedeutet, dass sie lieber etwas erfolgreiches kopieren und damit an dessen Erfolg teilhaben, als etwas neues zu versuchen. Man denke hier etwa an die großen Franchise-Ketten wie Burger King, McDonald's oder Pizza Hut. Hier besteht die Basis für den Erfolg darin, dass man mit der Franchise-Lizenz die Basis für den eigenen Erfolg als Restaurant-Besitzer erwirbt. Erst als wir unseren Fehler einsahen und dem „Model of Excellence“-Prinzip folgten, zeitigten wir Erfolge.

Die Barrieren auf dem Weg zu dauerhaftem Erfolg

Mit den ersten vier in diesem Buch beschriebenen Komponenten – der positiven Geisteshaltung, Zielen, dem Glauben und Handeln – wirst Du erfolgreich. Das ist sicher! Damit dieser Erfolg aber auf Jahre und Jahrzehnte aufrechterhalten werden kann, musst Du fähig sein, Deine eigenen Ziele und Tätigkeiten zu analysieren und, sofern nötig, zu korrigieren!

Das bedeutet gleichsam, dass Du flexibel, innovativ und kreativ und in der Lage sein musst, Dich veränderten Marktsituationen anzupassen. Beherzige den Grundsatz:

Nichts ist älter als der Erfolg von gestern!

Und wenn Du keinen Erfolg erzielst, musst Du herausfinden, warum das so ist und die Dinge, die falsch laufen, ändern!

Eine Barriere, auf die man dabei trifft, ist die vielen Menschen innewohnende Geisteshaltung, dass sie sich nicht gerne ändern! Oftmals verschlimmert sich diese Einstellung mit zunehmendem Alter. Dabei ist das Alter aber nicht der ausschlaggebende Faktor. Was zählt ist einzig und allein die Fähigkeit, sich flexibel an das Geschehen anzupassen, beziehungsweise die eigenen Aktionen, sofern nötig, auszurichten.

Als mir – wie eben beschrieben – Anfang 1989 klar wurde, dass mein Partner und ich mit unserer Vorgehensweise keinen Erfolg erzielen würden, erforderte es von meiner Seite eine gehörige Portion Absicht, auch ihn davon zu überzeugen. Er war von unserer ursprünglichen – und versagenden – Idee so begeistert und emotional in sie verstrickt, dass er den eingeschlagenen Weg auf jeden Fall beibehalten wollte. Auch wollte er nicht einsehen, dass wir die Situation zunächst falsch eingeschätzt hatten. Ich stieß auf enormen Widerstand, als ich ihm klarzumachen versuchte, dass wir nur dann in der Lage sein würden einen großen Vertrieb aufzubauen, wenn wir das erfolgreiche Muster befolgen würden, dass wir von unserer früheren Tätigkeit in der Branche kannten.

Du wirst in solchen Situationen nicht nur mit Deinen eigenen Fehlern konfrontiert und musst Dich damit abfinden, dass Du dich geirrt hast. Auch mit dem geistigen Widerstand Deiner Mitstreiter und deren unangenehmen emotionalen Ausbrüchen musst Du fertigwerden. Das mag nicht immer einfach sein, aber es ist der einzige Weg, wie Du es schaffen wirst.

Wenn das Schiff auf einem falschen Kurs fährt, kommst Du nie ans Ziel. Der einzige Weg, es dennoch zu schaffen, besteht darin, den Kurs zu korrigieren!

Der kluge Angler

Das Grundprinzip der Korrektur lässt sich leicht verstehen, wenn man es anhand eines praktischen Beispiels betrachtet. Angenommen, Du möchtest angeln. Du hast Deinen Stammplatz, wirfst dort Deinen Köder aus und angelst. Was würdest Du aber unternehmen, wenn dieser Platz keine Fische mehr hergibt? In gutem Glauben weiterangeln? Sicher nicht! Du würdest etwas ändern, statt jahrelang in einem Tümpel zu fischen, der so trübe geworden ist, dass die Fische nicht mal mehr den Angelhaken sehen können. Wenn Du erfolgreich angeln willst, musst Du Dir ein neues „Jagdrevier" suchen.

Das Problem der Menschen, die nicht in der Lage sind, ihr Leben in neue Bahnen zu lenken, besteht darin, dass sie Zeit ihres Lebens in Gewässern fischen, wo es gar keine Fische mehr zu fangen gibt. Hier stoßen wir auf den Mechanismus der Gewohnheit. Der erfolglose Mensch macht einfach so weiter, wie er es seit eh und je gewohnt ist, anstatt auf die Idee zu kommen, irgend etwas zu verändern, um bessere Ergebnisse zu erzielen.

Um Erfolg zu erzielen, musst Du Dich wie der erfolgreiche Angler verhalten, der seine Jagdreviere kennt und sich immer die besten Plätze zum Angeln aussucht!

Wenn Du all das beherzigst, kannst Du Fehlschläge in eine positive Lebenserfahrung umwandeln und Deinen Erfolg vervielfachen!

Das gilt sowohl für Dich als Einzelperson wie auch als Führungskraft.

Eine Anmerkung zum Thema Mitarbeiterführung
In den Jahren 1999 und 2000 war ich für einen großen deutschen Strukturvertrieb tätig. Während wir im letzten Quartal Riesenumsätze geschrieben hatten, ahnte ich, dass ich nicht einfach nur mit Hoffnung in die Zukunft planen konnte. Ein Faktor, der den Umsatz begünstigt hatte – die geplante Gesetzesänderung im Lebensversicherungsbereich – fiel Ende des Jahres weg, da der Gesetzesentwurf auf unbestimmte Zeit verschoben wurde. Weiterhin hatten viele meiner Führungskräfte die von ihnen anvisierten Positionen auf der Karriereleiter erreicht und zeigten sich recht „zufrieden". Hinzu kam die Weihnachtszeit, die erfahrungsgemäß verringerte Verkäufe erwarten ließ.

Ich wies also meine Mitarbeiter darauf hin, dass die Gefahr eines Umsatzrückgangs bestehen würde. Trotzdem behielt ich die vorher übliche Arbeitsbasis des Laisser-faire[37] aufrecht und überließ es meinen Führungskräften und deren untergeordneten Strukturen, der abzusehenden Situation zu begegnen.

Mein Fehler war, dass ich nicht bereits Mitte Dezember das Controlling verstärkt und die Zügel enger geschnallt hatte. Es kam, wie ich es kommen sah, aber nicht verhindert hatte: Der Umsatz ging in die Knie! Zwar wurde im Januar nach wie vor Umsatz geschrieben, aber viel weniger als zuvor. Doch damit nicht genug: Auch im Februar wurde es nicht viel besser! Erst als ich umfangreiche Controlling-Aktionen unternahm und die Mannschaft straff führte, wendete sich das Blatt. Statt Ausbildungsmaßnahmen alle 14 Tage durchzuführen, fanden jede Woche Seminare statt. Ich wies die Führungskräfte an, mich täglich anzurufen und über die aktuelle Produktion und Terminsituation zu informieren.

Durch diese Korrekturmaßnahmen stieg die Produktion wieder an und ich gewann zudem weitere Einsicht in die Arbeit meiner Mitarbeiter und konnte auf diese Weise zusätzliche nötige Änderungen vornehmen.

Das führte mich zu folgender Erkenntnis:

[37] Französisch für: Nichteinmischung, Gewährenlassen.

Als Führungskraft ist man auch dafür verantwortlich, seine Mitarbeiter zu korrigieren!

Bleibt noch zu erwähnen, dass es nach diesem Niedergang eine gehörige Portion Anstrengung kostete, die sich langsam breitmachende negative Stimmung zu kompensieren und durch positives Denken zu ersetzen. Daher gilt:

Je später man die angezeigten Korrekturmaßnahmen ergreift, umso länger dauert es, das Team wieder auf den richtigen Kurs zu bringen!

Bildlich ausgedrückt:

Es ist weitaus mehr Energie nötig, einen stehenden Zug in Bewegung zu bringen, als dafür zu sorgen, dass ein fahrender Zug weiterfährt!

Aus den gerade geschilderten Erfahrungen kann man ein weiteres Prinzip herleiten.

Das richtige Timing

Gewöhnlich macht man sich erst dann die Mühe etwas zu korrigieren, wenn bereits etwas schief gelaufen ist. Das ist eine typische Herangehenweise, die tief in unserer Gesellschaft verwurzelt zu sein scheint. So wird die Polizei (die ja nichts anderes als ein Korrektursystem für all jene darstellt, die Gesetze übertreten) in der Regel erst dann aktiv, wenn ein Verbrechen geschehen ist. Der Dieb, der etwas stiehlt wird erst dann gesucht, festgenommen und (in einer Strafvollzugsanstalt) für seine Taten bestraft, wenn er gestohlen hat. In den Vereinigten Staaten gibt man das offen zu und bezeichnet ein Zuchthaus auch als *House of Correction*, also Haus für Korrektur. Aber: Wäre es nicht weitaus besser, wenn man Menschen von Anfang an so erzieht, dass sie nicht auf die schiefe Bahn geraten?

Dieses Prinzip, dass man erst den Fehler geschehen lässt und ihn dann korrigiert, ist in vielen Bereichen unseres Lebens zu beobachten. Und in vielen Fällen mag es der richtige Weg sein. Tatsächlich könnte es zu einer negativen Geisteshaltung führen, wenn man sich immer nur über mögliche Fehler und Schwierigkeiten Gedanken macht.

Auf der anderen Seite sollte man nicht zu arglos in die Zukunft schreiten. Eine Wüste zu durchqueren, ohne zukunftsorientiert geplant zu haben, kann tödlich enden. Tatsächlich mag es unmöglich sein, einen Fehler, den man in diesem Fall begeht, überhaupt jemals zu korrigieren. Oder betrachten wir eine Weltraummission in einem Space Shuttle. Hierbei werden umfangreiche Maßnahmen für Situationen getroffen, die hoffentlich niemals eintreten. Da man aber zukunftsorientiert plant, rettet man vielen Astronauten das Leben, wenn der Fall der Fälle wirklich eintritt.

Worauf will ich damit hinaus? Du ahnst es vielleicht schon: Zum einen sollte man sich über mögliche zukünftige Schwierigkeiten nicht den Kopf zerbrechen. Stattdessen gilt es, eine positive Geisteshaltung zu kultivieren, seine Ziele anzuvisieren und zur Tat zu schreiten. Gleichzeitig muss man seinen Blick aber auch in die Zukunft richten und Maßnahmen ergreifen, die mögliche Pannen im Vorhinein ausschließen. Es gilt dabei, den Weg der goldenen Mitte zu wählen.

Tatsächlich folgt dies der Regel, dass man Problemen nicht ausweichen soll, sondern ihnen früh genug begegnet, denn was ist Korrektur anderes als die Behebung eines Problems?

Doch was ist, wenn man von jemandem, der in der Hierarchie unter einem steht, gute Ratschläge erhält, um schwierige Situationen zu lösen? Sollte man diese aus Stolz ablehnen?

Mit verletztem Stolz und falschem Ego auf dem Weg in den Abgrund

Ein Prinzip, das man in Japan besser begriffen hat als in unseren Breiten, besteht darin, die Ideen von Mitarbeitern jeder Ebene gelten zu lassen. Das bedeutet im Grunde, dass man die Idee anhand des Wertes der Idee selbst bewertet, egal von wem sie stammt. So kann wertvolles Mitarbeiterpotential voll genutzt werden und zur Expansion eines Unternehmens beitragen. Das klingt vernünftig, denn es führt zu Erfolg.

In vielen europäischen Firmen wird allerdings der Standpunkt kultiviert, dass gute Ideen mit weitreichender Auswirkung nur von hochgestellten Führungskräften kommen können. Und das denken nicht nur diejenigen, die sich am oberen Ende der Hierarchie befinden, sondern auch diejenigen, die weiter unten arbeiten. Es handelt sich hier um eine jener klassischen und überaus konservativen Einstellungen, die die Einführung besserer Ideen verhindern oder zumindest arg verzögern.

Ich habe das selbst in den relativ aufgeschlossenen Unternehmen erlebt, in denen zu arbeiten ich das Vergnügen hatte. Meine Vorgesetzten reagierten auf Vorschläge aus meinem Munde in der Regel desinteressiert oder sogar abweisend – und das sogar dann, wenn es sich um Bereiche handelte, in denen ich über weitaus mehr Erfahrung und Fachkenntnisse verfügte als sie selbst.

Man mag sich nun fragen, woran das liegt. Immerhin verbaut man sich damit die Möglichkeit, intelligente Korrekturmaßnahmen zu ergreifen. Die zugrunde liegenden Faktoren sind ganz einfach:

Verletzter Stolz und falsches Ego!

Jemand, der einen höheren Posten innehat, geht in der Regel davon aus, dass er besser sein muss als seine Untergebenen. Das mag in vielerlei Hinsicht stimmen. Und sicherlich sollte er über ausgeprägtere Führungsqualitäten verfügen, wenn er in der Hierarchie höher steht. Muss das aber auch bedeuten, dass er immer alles besser weiß? Hier scheint mir folgendes Zitat passend:

Man kann schlauer sein als ein anderer,
nicht aber schlauer als alle anderen.
(La Rochefoucauld)

Die Idee, dass die Position in der unternehmerischen Hierarchie gleichbedeutend mit Genialität, Fähigkeit und Können ist, stimmt nicht immer. Der Arbeiter, der die Maschinen bedient, mag weitaus intelligenter sein als der Abteilungsleiter, der über ihm steht. Er muss es nicht sein, aber er kann es sein.

Aber das ist nicht einmal der Aspekt, auf den es mir hierbei ankommt. Wichtig ist, dass Du Dir – egal, wo Du auf der Karriereleiter stehst – die Fähigkeit aneignest, gute Vorschläge zu akzeptieren. Wenn Du in der Lage bist, das zu tun und aus all den Ideen, die Dir mitgeteilt werden die besten herausfischen kannst, verfügst Du über ein weitaus größeres Erfolgspotential, als wenn Du sie von Deinem Stolz oder Ego abwehren lässt und sie einfach ignorierst!

Leitsätze:

- ❑ Verwende das „Model of Excellence"-Prinzip, um vom Erfolg anderer zu profitieren!
- ❑ Nichts ist älter als der Erfolg von gestern!
- ❑ Wenn Du keinen Erfolg erzielst, musst Du herausfinden, warum das so ist und die Dinge, die falsch laufen, ändern!
- ❑ Wenn das Schiff auf einem falschen Kurs fährt, kommst Du nie ans Ziel. Der einzige Weg, es dennoch zu schaffen, besteht darin, den Kurs zu korrigieren!
- ❑ Verhalte Dich wie der erfolgreiche Angler: Kenne Deine Jagdreviere und suche Dir immer die besten Plätze zum Angeln aus!
- ❑ Als Führungskraft ist man auch dafür verantwortlich, seine Mitarbeiter zu korrigieren!
- ❑ Je später man die angezeigten Korrekturmaßnahmen ergreift, umso länger dauert es, das Team wieder auf den richtigen Kurs zu bringen! Bildlich ausgedrückt: Es ist weitaus mehr Energie nötig, einen stehenden Zug in Bewegung zu bringen, als dafür zu sorgen, dass ein fahrender Zug weiterfährt!
- ❑ Man kann schlauer sein als ein anderer, nicht aber schlauer als alle anderen. (La Rochefoucauld)
- ❑ Wichtig ist, dass Du Dir – egal, wo Du auf der Karriereleiter stehst – die Fähigkeit aneignest, gute Vorschläge zu akzeptieren.

Selbstprüfung

1. Welche Erkenntnisse habe ich aus dem letzten Kapitel gewonnen?

2. Welche Erkenntnisse lassen sich auf mein Leben übertragen?

3. Womit beginne ich sofort?

2. Wie man aus Rückschlägen neue Energie gewinnt

Auf dem Weg zum Erfolg werden Dir unweigerlich Fehler unterlaufen. Ich sage das nicht, um Dich zu demotivieren oder Deinen Blick auf diesen negativen Faktor zu fixieren, sondern um ein klares, bodenständiges Bild zu vermitteln. Die Realität, in der wir uns auf dem wirtschaftlichen Parkett befinden, ist nicht immer nur schön und angenehm. Oft muss man sich ganz schön zusammenreißen, um weiterzumachen und es zu schaffen. Dabei sind die eigenen Fehler ein Faktor, den man berücksichtigen muss.

Als Menschen sind wir nun einmal nicht perfekt – selbst wenn viele von uns Perfektion anstreben. Daher unterlaufen uns Fehler. Die Frage, die sich uns in diesem Zusammenhang stellt: Wie sollen wir damit umgehen? Oder besser noch: Wie können wir von ihnen profitieren?

Meine Einstellung dazu ist folgende: Es ist völlig in Ordnung, wenn man Fehler macht. Tatsächlich sollte man so früh wie möglich so viele Fehler wie möglich machen! Warum? Weil man dann umso früher über ein ausgereiftes Konzept für das, was man zu tun gedenkt, verfügt. Wie Winston Churchill einst sagte:

„Es ist von großem Vorteil, die Fehler, aus denen man lernen kann, recht frühzeitig zu machen."

Warum Fehler wichtig sind

Ein Fehler ist zunächst einmal etwas, was einen zurückwirft. Das ist die negative Komponente. Gleichzeitig ist er für uns aber ein Signal dafür, dass wir uns in die falsche Richtung bewegen oder einige unserer Aktionen verbessern müssen. Er ist für uns ein Stoppschild. Wenn uns ein Fehler unterlaufen ist, bedeutet das für uns einen Moment innezuhalten, damit wir die Situation analysieren und davon profitieren können! Hier liegt der große Vorteil von Fehlern! Dies ist der Faktor, der Erfahrung so wichtig macht!

Das erfolglose Leben eines der erfolgreichsten Menschen der Vereinigten Staaten

Abraham Lincoln ist einer der bekanntesten amerikanischen Präsidenten der Geschichte. Wusstest Du aber, dass sich sein Lebenslauf wie eine Pannenstatistik liest:

1831 – Geschäftlicher Misserfolg
1832 – Niederlage bei den Wahlen für die Legislative
1833 – Zweiter misslungener Versuch als Geschäftsmann
1836 – Nervenzusammenbruch
1838 – Niederlage bei der Wahl zum Vorsitzenden des Repräsentantenhauses
1840 – Niederlage als Wahlmann
1843 – Niederlage bei den Wahlen zum Kongress
1848 – Erneute Niederlage bei den Wahlen zum Kongress
1855 – Niederlage bei den Wahlen zum Senat
1856 – Niederlage bei der Wahl zum Vizepräsidenten
1858 – Erneute Niederlage bei den Wahlen zum Senat

Erst 1860 konnte er den Erfolg all seiner Bemühungen ernten und wurde Präsident! Ein Weg, der ihn rund dreißig Jahre seines Lebens gekostet hat. Aber: Er hat es geschafft und sein Name ist aus der Geschichte nicht mehr wegzudenken!

Eine Aussage, die sehr gut zum Leben von Abraham Lincoln passt und meiner Erfahrung nach auf all solche Situationen zutrifft, in denen man im Leben in Schwierigkeiten geraten ist, wurde von wiederum Winston Churchill geprägt, der sagte:

„Erfolg ist: Einmal mehr aufstehen als hinfallen!"

Ein Fehlschlag ist noch kein Versagen

Der schon zuvor erwähnte Reinhold Messner ist einer der bekanntesten und berühmtesten deutschen Bergsteiger. Er hat alle vierzehn Achttausender bestiegen und mit rund 3.500 Bergtouren und etwa 100 Erstbegehungen neue Rekordmaßstäbe gesetzt.[38] Dabei darf nicht vergessen werden, dass auch er Fehlschläge zu verzeichnen hatte. Viele seiner Expeditionen hat er vorzeitig abbrechen müssen. Mit anderen Worten: Auch er hat seine Ziele nicht immer auf Anhieb erreicht! Aber er war nicht so fanatisch zu glauben, dass das Ziel kostbarer ist als sein Leben. Dennoch hat er nicht aufgegeben, sondern aus jedem Fehlschlag gelernt und es noch einmal versucht. Das, was ihn erfolg-

[38] *Quelle: Yahoo! Schlagzeilen, Donnerstag, 24. Februar 2000, „Chat mit Reinhold Messner"*

reich gemacht hat, waren nicht die Fehlschläge. Es war sein Wille, es immer und immer wieder zu tun, und es schließlich zu schaffen! Aber die Fehler haben ihm dabei geholfen, die nötigen Aktionen zu erkennen. Und heute redet kaum noch jemand von dem, was Messner nicht geschafft hat. Alle Welt konzentriert sich auf seine Erfolge!

Ähnliche Situationen können im Geschäftsleben auftreten. Oft begeht man – ohne sich darüber im Klaren zu sein – einen Fehler und wird für Monate oder sogar Jahre zurückgeworfen. Das ist hart. Und manch einer mag einfach aufgeben und sich einreden, dass er eben kein Glück hat. Die einzig richtige Aktion aber ist, aus seinen Fehlern zu lernen und, allen Widrigkeiten zum Trotz, weiterzumachen!

Über Unschlüssigkeit und die Angst vor Entscheidungen

Viele Menschen haben Angst vor Entscheidungen. Sie denken sich: „Was soll ich tun? Es könnte die falsche Entscheidung sein. Also warte ich besser ab, bevor ich mich entscheide ..." Und oftmals endet dieser Gedankengang im Nichts und führt in der Tat zu keiner Entscheidung, sondern einer quälenden Unschlüssigkeit.

Es gibt bei einer Entscheidung immer zwei Möglichkeiten: Entweder ist sie richtig oder falsch. Überhaupt keine Entscheidung zu treffen ist aber grundsätzlich immer falsch, da man sich damit gleichzeitig dafür entscheidet, nichts zu tun. Und wenn man nicht handelt, kann man auch keinen Erfolg erzielen!

Aber warum hadern Menschen, wenn es darum geht, eine Entscheidung zu treffen? Was lässt sie zögern?

Es ist die *Angst* vor Fehlentscheidungen, die sie davon abhält, eine Entscheidung zu treffen! Diese wiederum ist auf falsche Entscheidungen in der Vergangenheit zurückzuführen. Leider ist die scheinbare Lösung, dass man nämlich versucht, so wenig Entscheidungen wie möglich zu treffen, die schlechtere Wahl, denn man beraubt sich damit selbst der Chance, richtige Entscheidungen zu treffen. Stattdessen überlässt man es anderen zu entscheiden und gibt damit im Grunde seine Selbstbestimmung auf!

Überlege Dir daher folgendes: Willst Du Dein eigenes Leben selber leben und selbst darüber bestimmen, oder möchtest Du, dass andere für Dich entscheiden?

Letztgenannte Alternative nennt man Sklaverei. Und als Sklave wird man weder glücklich noch erfolgreich. Also bleibt nur ein Weg:

Der erfolgreiche Mensch scheut sich nicht vor Entscheidungen.
Er bestimmt über sein eigenes Leben. Er trifft Entscheidungen
und übernimmt dafür Verantwortung, unabhängig davon,
ob eine Entscheidung richtig oder falsch ist!

Weiterhin gilt:

Nur der, der viele Entscheidungen trifft,
wird auch richtige Entscheidungen treffen!

Warum also aus Angst vor ein paar falschen Entscheidungen zögern? Selbst wenn Du Dich falsch entscheidest, wirst Du diese Fehler in der Regel wieder ausbügeln können. Du hast außerdem ein Stück mehr Lebenserfahrung gewonnen. Die Alternative – keine Entscheidungen zu treffen – bringt Dir überhaupt nichts. Also: Entscheide Dich und bestimme selbst über Dein Leben!

Leitsätze:

- ❑ Es ist von großem Vorteil, die Fehler, aus denen man lernen kann, recht frühzeitig zu machen. (Winston Churchill)
- ❑ Erfolg ist: Einmal mehr aufstehen als hinfallen! (Winston Churchill)
- ❑ Betrachte Fehler als ein Stoppschild! Nutze Sie, um Deine Aktionen zu perfektionieren!
- ❑ Der erfolgreiche Mensch scheut sich nicht vor Entscheidungen. Er bestimmt über sein eigenes Leben. Er trifft Entscheidungen und übernimmt dafür Verantwortung, unabhängig davon, ob eine Entscheidung richtig oder falsch ist!
- ❑ Nur der, der viele Entscheidungen trifft, wird auch richtige Entscheidungen treffen!

Selbstprüfung

1. Welche Erkenntnisse habe ich aus dem letzten Kapitel gewonnen?

2. Welche Erkenntnisse lassen sich auf mein Leben übertragen?

3. Womit beginne ich sofort?

3. Wie man sich unerwartete Situationen zunutze macht

Das Leben lebt, es bewegt und verändert sich. Wer daher darauf baut, dass die Faktoren, mit denen er umgeht, immer die gleichen sein werden, der wird irgendwann nicht mehr Herr der Lage sein.

Es ist meines Erachtens eine typisch deutsche Einstellung, die insbesondere im Bereich der Wirtschaft zu beobachten ist, dass man lieber in sein Verderben rennt, anstatt seine Methoden, Strategien etc. zu verändern. Es ist natürlich nichts daran verkehrt, erfolgreiche Methoden weiterhin durchzusetzen. Aber nur, so lange sie einen weiter in Richtung Erfolg voranbringen! Der Unternehmer, der erkennt, dass seine Bilanzen von Jahr zu Jahr schlechter werden, und der lieber an seiner eingefleischten Vorgehensweise festhält, weil diese einmal zur Expansion seiner Firma geführt hat, wird auf kurz oder lang scheitern. Je größer das Unternehmen ist und je mehr Reserven vorhanden sind, desto länger dauert es, bis es bankrott geht. Aber es wird geschehen. Und warum? Wie schon zuvor erwähnt, steht dem Erfolg in diesem Fall eine Sache im Wege:

Eine eingefleischte Abneigung gegen alle Veränderungen!

Es ist fast wie in den Kriegen vergangener Tage. Mit Vaterlandsstolz in der Brust und Adrenalin im Blut marschiert der Mensch schnurstracks in sein Verderben. Das Prinzip, dass man immer nach dem gleichen Schema vorgeht, mag im letzten Jahrhundert durchaus angemessen gewesen sein. Aber wie sieht es damit in der heutigen Zeit aus, wo sich die Geschwindigkeit, mit der neue Technologien auf den Markt kommen, immer mehr vergrößert? Wo sich gesellschaftliche und wirtschaftliche Strukturen innerhalb weniger Jahre ändern? Nein! Heutzutage muss man situativ flexibel vorgehen! Das bedeutet nicht, dass man immer alles zwanghaft ändert. Aber es heißt, dass man diejenigen Methoden, die nicht mehr erfolgreich sind, durch bessere ersetzt!

Erfolgreich sind nur diejenigen Menschen,
die sich neuen Situationen und Herausforderungen
stellen und sie zu ihrem Vorteil nutzen!

Wie in den letzten beiden Kapiteln behandelt, dienen uns Fehler als Signal dafür, dass wir unsere Aktionen überdenken und korrigieren müssen. Was aber, wenn wir auf eine veränderte Umgebung stoßen, wenn die Spielregeln, die uns bisher geläufig waren, plötzlich nicht mehr gelten?

Beispiele hierfür finden wir in der Vergangenheit zuhauf. Hervorstechend sind dabei Gesetzesänderungen, die unsere Aktionen entweder zunichte machen können oder uns neue Chancen bieten. Nicht zu vergessen sind auch politische Umwälzungen, denen wir in gewissem Grade „ausgesetzt" sind. Wie etwa der Fall der Mauer. Nach vielen Jahren der Trennung war Deutschland innerhalb kürzester Zeit wieder vereint. Eine Situation, die einige mit Schrecken betrachteten, die anderen aber einen völlig neuen Markt eröffnete.

Wie man Pilot wird

Die Wiedervereinigung Deutschlands brachte auch meinem Leben eine Wende. Ich hatte kurz zuvor einen eigenen Finanzdienstleistungsvertrieb aufgebaut und konnte diese einzigartige Gelegenheit nutzen, meinen Wirkungskreis auszuweiten. In der Tat verließen viele meiner damaligen Führungskräfte die alten Bundesländer, um in den Osten zu gehen und dort neue Strukturen aufzubauen. Als Folge davon war ich selbst häufig gezwungen, die neuen Bundesländer zu bereisen. Da die Autobahnen nach der Wende – gelinde gesagt – eine Katastrophe waren, suchte ich nach einem Weg, diese Situation besser zu meistern. Die rettende Idee kam von einem Bekannten, der mir vorschlug, ein Flugzeug zu kaufen und fortan durch die Lüfte zu Veranstaltungen und Meetings zu fliegen. Zunächst war ich skeptisch – schließlich hatte ich mich noch nie mit der Materie auseinandergesetzt und „wusste", dass Flugzeuge ein Heidengeld kosten. „Und überhaupt", fragte ich ihn, „wer soll mich denn fliegen?" „Ich!" antwortete er und erzählte mir, dass er gerade seine Privatpilotenlizenzprüfung bestanden hatte. Nachdem er mich ein wenig in die Geheimnisse des Fliegens eingeweiht hatte, entschied ich mich, seinem Ratschlag zu folgen. Und kaum vier Wochen später war ich stolzer Besitzer einer viersitzigen Chessna-182. Und damit war die Strecke nach Magdeburg, Berlin, Dresden oder Bautzen nur noch ein Katzensprung, was für mich eine ungeheure Zeitersparnis bedeutete.

Dann aber geschah es innerhalb weniger Wochen zweimal, dass mein Pilot nicht zur Verfügung stand. Ich hatte also die Situation, dass ich große Entfernungen zu überbrücken hatte, mit dem Erwerb eines Flugzeugs gelöst, rund

50.000 Euro investiert und stieß jetzt auf ein neues Problem, dass nämlich der Pilot nicht immer Zeit hatte. Was sollte ich tun? Ich nahm eine positive Geisteshaltung an und entschied mich, die Situation dadurch zu korrigieren, dass ich selbst den Pilotenschein erwarb! Und das, obwohl ich nach meinen ersten Flügen „wusste“, dass es für mich viel zu schwierig sein würde, dies zu erreichen, da ich weder ein begeisterter Techniker war, noch Englisch sprechen konnte. All das warf ich über Bord und entschied mich, es einfach zu tun!

Im Oktober 1991 stand die Entscheidung fest. Karfreitag 1992 – also ziemlich genau ein halbes Jahr später – hatte ich meinen Schein in der Tasche! Und das trotz all der theoretischen und praktischen Prüfungen, die ich zu bestehen hatte. Ich lernte einfach all die Antworten auf die Fragen, die bei der theoretischen Prüfung vorkommen konnten, indem ich sie per CD-ROM auf meinen Laptop aufspielte und täglich ein paar Stunden büffelte! Ich sagte mir einfach: „Das wirst Du schaffen!“ und lernte die Antworten auf die rund 2.000 Fragen, die sich auf fünf Fachbereiche aufteilten und von denen nur 200 tatsächlich abgefragt wurden, bis ich sie beherrschte und die theoretische wie auch die praktische Prüfung bestand! In der Tat habe ich nicht einen Gedanken daran verschwendet, dass ich die Prüfungen nicht bestehen könnte. Ich hatte mich entschieden es zu schaffen, daran geglaubt, habe die nötigen Aktionen unternommen und es geschafft!

Dies ist wiederum ein Beispiel dafür, wie man seine negative Geisteshaltung von „Das schaffe ich nie!“ bis hin zu „Ich kann es!“ ändern kann. Gleichsam nutzte ich die sich verändernde Situation und fand eine funktionierende Abhilfe. Und genau das ist der Weg, wie man im Leben, in allen Lebenslagen, erfolgreich wird!

Leitsätze:

- ❑ Es ist nichts daran verkehrt, erfolgreiche Methoden weiterhin durchzusetzen. Aber nur, so lange sie einen weiter in Richtung Erfolg voranbringen!
- ❑ In der heutigen Zeit muss man situativ flexibel vorgehen! Das bedeutet nicht, dass man immer alles zwanghaft ändert. Aber es heißt, dass man diejenigen Methoden, die nicht mehr erfolgreich sind, durch bessere ersetzt!
- ❑ Erfolgreich sind nur diejenigen Menschen, die sich neuen Situationen und Herausforderungen stellen und sie zu ihrem Vorteil nutzen!

Selbstprüfung

1. Welche Erkenntnisse habe ich aus dem letzten Kapitel gewonnen?

2. Welche Erkenntnisse lassen sich auf mein Leben übertragen?

3. Womit beginne ich sofort?

4. Diagnose: Fehlendes Fachwissen!

Als meine eigene Vertriebsorganisation ab 1993 immer weiter expandierte, startete ich auch in anderen Branchen Aktivitäten. Mit anderen Worten: Ich nahm die Tatsache, dass meine Aktivitäten als Leiter eines Strukturvertriebs der Finanzdienstleistungsbranche zu Erfolg führten, als Anlass anzunehmen, dass dies auch für andere Branchen zutreffen würde. Doch weit gefehlt!

Immobilien als Investitionsgrube

Beispielsweise investierte ich – wie schon vorher angeführt – viel Geld in Immobilien, ohne die Grundgesetze dieses Marktes genau zu kennen. Allein die Tatsache, dass mein Steuerberater mir eine Immobilieninvestition zur Steuerminderung nahe legte, reichte mir als Grund, mich mit diesem Bereich zu beschäftigen. Allerdings nur sehr oberflächlich. Ich studierte den Anzeigenteil der lokalen Zeitung, suchte fleißig nach Mehrfamilienhäusern, nahm meinen Steuerberater sogar zu Besichtigungen mit und investierte viel Zeit und Geld um gute Objekte zu finden. Als das Jahresende nahte wurde die Zeit knapp. Und da mein Steuerberater mir von allen bis dahin mit ihm besichtigten Häuser abgeraten hatte, nahm ich die Angelegenheit selbst in die Hand und unterschrieb am 23. Dezember die Kaufverträge für vier Mehrfamilienhäuser mit einem Gesamtwert von knapp zwei Millionen Euro. Ich kaufte also nur aus steuerlichen Gründen – das war Fehler Nummer eins! Dann finanzierte ich die Objekte zu 100 Prozent, also ohne Eigenkapitaleinsatz, was zu einer hohen monatlichen Belastung führte – Fehler Nummer zwei! Und: Keines der vier Häuser hatte ich vor dem Kauf von innen besichtigt – Fehler Nummer drei!

Erst Monate später stellte ich fest, dass eine solch umfassende Immobilieninvestition mit sehr viel Arbeit verbunden ist. Also übergab ich die ganze Arbeit der Hausverwaltung meines Steuerberaters – und das war Fehler Nummer vier! Ganz zu schweigen davon, dass ich mich ab diesem Zeitpunkt gar nicht mehr um meinen neu erworbenen Besitz kümmerte – Fehler Nummer fünf. Das Resultat war, dass ich innerhalb von vier Jahren erhebliche Verluste hinnehmen musste, weil die Mieten nicht wie erwartet flossen, die Hausverwaltung die Situation nicht in den Griff bekam, aber immer brav die Verwaltergebühr abbuchte.

Ich könnte die Liste der von mir gemachten Fehler im Zusammenhang mit diesem Projekt noch erweitern und auf den Millionenverlust hinweisen, den mir all das gebracht hat. Wichtig ist aber nur dass dies zeigt, wie sehr einem fehlendes Fachwissen zum Schaden gereichen kann.

Interessanterweise führte diese Erfahrung bei mir zwischenzeitlich sogar zu der Meinung, dass eine Immobilie grundsätzlich keine gute Geldanlage ist. Ich baute eine richtige Aversion gegen dieses Anlageinstrument auf. Das ist natürlich falsch, da eine Immobilie eine verdammt gute und wertbeständige Anlage sein kann. Man muss nur wissen, nach welchen Regeln man sie einkaufen und bewirtschaften muss und dieses Wissen dann in die Tat umsetzen.

Ähnliche Erfahrungen machte ich mit einem zweiten Projekt, dem Bau eines Hotel- und Verwaltungsgebäudes. Der Plan bestand darin, dass eine alte Fabrikhalle kernsaniert und neu ausgebaut werden sollte. Hinzu kam noch ein völlig neuer Anbau. All das zog sich von 1991 bis 1994 hin. Dieses Neubau-Projekt war ich zusammen mit einem Partner angegangen, dem vor Abschluss aller Arbeiten das Geld ausging. Da wir das Projekt als Gesellschaft bürgerlichen Rechts konzipiert hatten und bei einer solchen Gesellschaftsform beide Partner haften – und zwar auch mit ihrem Privatvermögen – und um die Fertigstellung dennoch zu erreichen, musste ich Geld zuschießen, womit ich meinen Verfügungsrahmen bis an die Grenze belastete.

Doch damit waren mir scheinbar noch nicht genug Fehler unterlaufen.

Verluste durch Investitionen in unbekannte Branchen

Meine Vertriebsorganisation wurde etwa anderthalb Jahre nach der Gründung in eine Aktiengesellschaft umgewandelt – was schon allein für sich ein bändefüllendes Thema ist. Zusätzlich wurden von mir andere Geschäftszweige etabliert. Dazu gehörten unter anderem das gerade erwähnte Seminarhotel, eine Marketingagentur und sogar ein Reisebüro – um nur einige zu nennen. Aber auf welche Aktivitäten ich mich auch immer einließ, das Ergebnis war stets gleich: Alle Gesellschaften, die mit Vertrieb zu tun hatten, brachten mir Geld ein, alle anderen mussten subventioniert werden.

Was mir damals nicht klar war: Neben den allgemeingültigen kaufmännischen Regeln muss man in jeder Branche über spezifisches Know-how verfügen, um dort erfolgreich tätig zu sein. Ein Seminarhotel wird nun einmal anders geleitet als eine Marketingagentur, deren Management sich wiederum von dem eines Reisebüros unterscheidet. Daraus lernte ich:

Um in einer Branche erfolgreich zu sein, muss man deren spezifische Grundgesetze kennen und danach handeln!

Der Effekt davon, dass ich mich auf unbekanntes geschäftliches Terrain begeben hatte, traf mich doppelt hart. Zum einen musste ich die Verluste der schlecht laufenden Geschäftszweige hinnehmen und ausgleichen. Zusätzlich raubten diese aber auch meine Aufmerksamkeit, die dann nicht mehr vollständig dem erfolgreichen Zweig zur Verfügung stand! Und das bedeutete natürlich zusätzliche Verluste!

Die 100-Prozent-Regel

Als Individuum hat man nur 100 Prozent seiner Energie zur Verfügung. Das ist mathematisch betrachtet ganz klar. Man kann sich drehen und wenden wie man will, es bleibt bei 100 Prozent! Wenn man dieses Potential nun aufteilt, etwa indem man bei fünf Firmen mit jeweils 20 Prozent arbeitet, kann das Ergebnis bei den einzelnen Firmen niemals 100 Prozent entsprechen. Das führt dazu, dass man bei den einzelnen Bereichen nicht den maximal möglichen Erfolg erzielt, sondern nur einen Teil davon. Eigentlich logisch. Wenn ich 100 Prozent meiner Energie in einen Vertrieb stecke, dann wird das Ergebnis weitaus besser sein, als wenn ich nur 20 Prozent meines Potentials dort investiere. Eine einfache kaufmännische und mathematische Grundregel. Daraus ersehen wir, dass man sich nicht verzetteln darf.

In vielen Dingen einigermaßen gut zu sein ist nicht zu vergleichen damit, in einem Bereich zu den Top-Profis zu zählen!

Das Brennglas-Prinzip

Wie wichtig die Konzentration auf einen Punkt ist, kann man leicht erkennen, wenn man das Brennglas-Prinzip betrachtet. Wenn die Sonne auf ein Blatt Papier scheint, wird das Blatt warm oder wellt sich vielleicht ein wenig.

Obwohl die Sonne über unheimlich viel Energie verfügt, kann sie dem Papier nichts anhaben. Ganz anders verhält es sich, wenn man das Licht der Sonne durch ein Brennglas bündelt. Dann fängt das Blatt Feuer! Bei Dir ist es ähnlich: Du verfügst über ein ungeheures Energiepotential! Wenn Du Deine Power aber zu sehr verstreust, wird sich kein wirklicher Erfolg einstellen. Schaffst Du es aber, Deine Energie zu bündeln, entflammt ungeheure Motivation, sowohl bei Dir als auch bei anderen, die zu Erfolg führt!

Denke an das Brennglas-Prinzip:

Bündele Deine Energie und entflamme damit Motivation!

Wenn jemand einen Strukturvertrieb kennen lernt, steigt er in der Regel nebenberuflich ein. Das macht zu Anfang seiner Karriere Sinn, da es ihm Gelegenheit gibt, dieses neue Tätigkeitsfeld erst einmal kennen zu lernen. Wenn er sich dann aber dafür entschieden hat, im Vertrieb die Karriereleiter nach oben zu steigen, muss er aus diesem Nebenberuf schnell seinen Hauptberuf machen und mit 100 Prozent seiner Energie lospowern! Auch wenn dies logisch erscheint, gehen viele Menschen nicht diesen Weg, einfach weil sie (wie schon zuvor beschrieben) lähmende Angst vor falschen Entscheidungen haben, und es ihnen an Wissen um die 100-Prozent-Regel mangelt. Auch wenn sie schon längst bewiesen haben, dass sie gute Verkäufer sind, sagen sie: „Ich würde es ja gerne hauptberuflich machen, aber das Risiko ist mir zu groß, ich habe eine Familie und Kinder, ich kann nicht so einfach meinen Job kündigen. Immerhin bekomme ich mein festes Gehalt von 1.520 Euro im Monat, und diese Sicherheit brauche ich. Wenn es mit dem Verkauf mal besser läuft, dann werde ich den Sprung wagen ..." Wenn das Wörtchen wenn nicht wär' ... Genau hier beißt sich die Katze in den Schwanz. Sie wissen nicht, dass sie als nebenberuflicher Finanzdienstleister schnell an ihre Grenzen stoßen. Außerdem halten sie sich noch immer ein Hintertürchen offen, klammern sich an ihr festes Gehalt, falls es doch nicht klappt. Und genau an diesem Punkt scheitern sie schließlich! Sie zeigen ganz eindeutig, dass sie nicht an sich selbst und ihren Erfolg glauben!

Wenn sie nicht mehr Zeit investieren, wird das Ergebnis ihrer Verkaufsbemühungen nur langsam besser werden und sie werden niemals die Sicherheit haben, den alten Job an den Nagel zu hängen und sich voll und ganz dem

Verkauf zu widmen. Es gibt also nur einen Weg:

100 Prozent – das ist der Weg, wie man gewinnt!

Mit der 100-Prozent-Einstellung kannst Du unglaubliche Kräfte mobilisieren, was kürzlich im Hollywood-Film Gattaca auf eindrucksvolle Weise dargestellt wurde.

Der Sieg der Motivation über die Genetik!
Der Film *Gattaca* zeigt das Szenario der nicht allzu fernen Zukunft auf, in der Menschen genetisch manipuliert werden können und allein der Wert der Gene über den zukünftigen Erfolg zu entscheiden scheint – sei es im Berufsleben, bei der Partnerwahl, einfach in allen Bereichen des Lebens. Der Hauptakteur Vincent kam noch als natürlich geborener Mensch auf die Welt, während sein Bruder Anton bereits über künstlich verbessertes genetisches Material verfügt. Somit ist Anton Vincent an körperlicher Kraft und Schnelligkeit überlegen. Zwischen den beiden herrscht ein dauernder Wettstreit, der dadurch ausgefochten wird, dass sie immer wieder aufs offene Meer hinausschwimmen, bis einer von beiden Angst bekommt und aufgibt. Gewöhnlich ist Anton der Gewinner. Doch Vincent gibt nicht auf. Er trainiert und überwindet mit seiner Absicht die ihm auferlegten körperlichen Barrieren, bis er seinen Bruder eines Tages schlägt. Dieser fragt ihn daraufhin: „Wie schaffst Du das Vincent, wie hast Du das alles geschafft?“ Dieser Antwortet: „Du willst wissen, wie ich's geschafft habe? Ich sag Dir wie, Anton. Ich hab mir nie etwas für den Rückweg aufgespart!“

Das mag nicht immer der richtige Weg sein. Ganz besonders uns Deutschen widerstrebt es, unser Sicherheitsdenken aufzugeben. Wir achten darauf bestens versichert zu sein, verfügen über eines der ausgefeiltesten sozialen Netze, bauen unsere Häuser so massiv, dass sie hundert oder mehr Jahre halten, ... Um aber wirklich voranzukommen und Außergewöhnliches zu erreichen, muss man manchmal diese Denke ablegen und einfach nur nach vorne blicken!

Leitsätze:

- ❑ Fehlendes Fachwissen kann Erfolg verhindern. Daher gilt: Eigne Dir das spezifische Wissen der Bereiche, in denen Du tätig bist, an!
- ❑ Um in einer Branche erfolgreich zu sein, muss man deren spezifische Grundgesetze kennen und danach handeln!
- ❑ In vielen Dingen einigermaßen gut zu sein ist nicht zu vergleichen damit, in einem Bereich zu den Top-Profis zu zählen!
- ❑ Denke an das Brennglas-Prinzip: Bündele Deine Energie und entflamme damit Motivation!
- ❑ Handele nach der Regel: 100 Prozent – das ist der Weg, wie man gewinnt!

Selbstprüfung

1. Welche Erkenntnisse habe ich aus dem letzten Kapitel gewonnen?

2. Welche Erkenntnisse lassen sich auf mein Leben übertragen?

3. Womit beginne ich sofort?

Nachwort

Du stehst jetzt am Wendepunkt Deines Lebens! Nachdem Du dieses Buch gelesen hast, kennst Du die Faktoren, die Erfolg verhindern und – was noch wichtiger ist – auch diejenigen, die ihn hervorbringen. Jetzt liegt es an Dir, Deine eigenen Ziele zu setzen, an Dich zu glauben – und zu handeln. Auch ist es Deine Entscheidung, eine positive Geisteshaltung an den Tag zu legen und Deine Ziele und Aktionen, wenn nötig, zu korrigieren.

In diesem Universum existieren keine absoluten Garantien. Niemand kann mit Sicherheit sagen, was die Zukunft alles für und bereithält. Keine Versicherung der Welt kann Dich vor all dem schützen, was Dir passieren könnte. Aber es gibt die Dir innewohnenden Fähigkeiten und die fünf Faktoren, die diese Fähigkeiten freisetzen und Dich wie eine Rakete abheben lassen. Sie sind Deine zentralen Werkzeuge für den Take-off zum Erfolg:

1. Positive Geisteshaltung
2. Ziel(e)
3. Glaube
4. Handeln
5. Korrektur

Dabei gibt es noch einen weiteren Faktor zu beachten, den ich Dir nicht vorenthalten möchte: Erfolg ist immer eine *freiwillige* Angelegenheit. Durch Zwang wird man nicht wirklich erfolgreich. Denn Erfolg bedeutet auch, dass man das Leben genießt und sich selbst treu bleibt. Es muss aus einem selbst entspringen, wie eine reine Bergquelle.

Ein weiser Mann sagte einst:

Jemand, der will, erreicht zehnmal mehr als zehn, die müssen!

Überlege also an dieser Stelle, ob Du erfolgreich sein möchtest und was Du bereit bist, für diesen Erfolg zu tun. Ich persönlich würde mich freuen, wenn Dein Leben von nun an von Erfolg gezeitigt ist. Doch all das hängt von Dir ab, genau wie alles Glück, das Du je finden wirst, in Dir selbst liegt.

Anhang

1. Erfolgsbegriffe kurz und bündig

Aktive Aufmerksamkeit – Die Methode des Lenkens der eigenen Aufmerksamkeit auf die Dinge, mit denen man sich selbst beschäftigen will. Dadurch filtert man diese Dinge automatisch aus der Masse der existierenden Informationen heraus.

Bewerter – Ein Mensch mit einer negativen Geisteshaltung. Der Bewerter hört eine Information oder einen Vorschlag und sagt dann: „Ja, das ist eine gute Idee, aber ...“ Mit anderen Worten: Er bewertet die Information, fängt an zu zweifeln und wagt es daher nicht, etwas zu tun. Er ist ein Pessimist. Tatsächlich hat er schon vor jeglicher Aktion die Begründung dafür, dass es nicht funktioniert.

100-Prozent-Regel – In vielen Dingen einigermaßen gut zu sein ist nicht zu vergleichen damit, in einem Bereich zu den Top-Profis zu zählen! Bündele Deine Energie und entflamme damit Motivation! 100 Prozent – das ist der Weg, wie man gewinnt!

Einstellung – Die geistige Haltung, die man im Leben generell und bezüglich spezifischer Themen an den Tag legt. Sie ist ein Hauptfaktor, der über Erfolg oder Fehlschlag entscheidet.

Erfolg – Das Erreichen dessen, was man anstrebt. Daher ist es vom einzelnen Menschen abhängig, was er als Erfolg betrachtet. Wahrer Erfolg wird erreicht, indem man sich ein Ziel setzt, die Hindernisse auf dem Weg dorthin überwindet und das Ziel erreicht.

Erfolgskomponenten – Die zentralen Werkzeuge für Deinen Weg zum Erfolg:
(1) Positive Geisteshaltung
(2) Ziel(e)
(3) Glaube
(4) Handeln
(5) Korrektur

Etappenziel – Ein Ziel für einen kurzen Zeitraum im Gegensatz zum Gesamtziel. Durch das Aufstellen und Verfolgen von Etappenzielen scheint der Weg nicht zu weit, man behält seine Motivation und erreicht Schritt für Schritt das Gesamtziel.

Franchise – Vertriebsform im Einzelhandel, bei der ein Unternehmer seine Produkte durch Einzelhändler verkaufen lässt, denen er dafür eine Lizenz erteilt. Der Franchisenehmer (Einzelhändler) ist dabei relativ selbständig und für seinen eigenen Erfolg verantwortlich. Ein bekanntes Unternehmen, das hauptsächlich nach dem Franchise-Prinzip arbeitet, ist McDonald's.

Gelegenheitsprinzip – Ein kluger Mensch wird sich mehr Gelegenheiten verschaffen als sich ihm bieten.

Genie – Ein Mensch, der sein volles Potential oder einen überdurchschnittlich großen Teil davon nutzt.

Glaube – Feste, innere Überzeugung. Der Glaube verursacht Taten! Dein Glaube ist die schier unerschöpfliche Energiequelle, die Du nur anzapfen musst, um immer über genug Power zu verfügen! Zu glauben, dass man verloren hat, ist der erste Schritt zur Niederlage. Der Glaube an den Sieg ist der Anfang des Erfolgs! Wenn Du fest daran glaubst, dass Du es schaffst, dann schaffst Du es!

Intelligenz – Die Fähigkeit vernünftig zu denken und daraus zweckmäßiges Handeln abzuleiten. Wahre Intelligenz steht in direktem Bezug zur Wirklichkeit und ist nicht abstrakt.

Investmentfonds – Gleichbedeutend mit Fonds. Bezeichnet die von verschiedenen Anlegern investierte Geldmenge, die im Sinne der Anleger durch die Fonds-Verwaltung angelegt wird. Man unterscheidet grundsätzlich zwischen Immobilien-, Renten-, Aktien- und Mischfonds. Immobilienfonds investieren in Häuser, Wohnungen und Grundstücke, Rentenfonds in festverzinsliche Wertpapiere und Aktienfonds in Aktien. Mischfonds stellen eine Kombination verschiedener Fondsgattungen dar. Die Anleger haben an den Gewinnen eines Fonds teil. Es sind aber auch Verluste möglich.

Karriere – Erfolgreicher Aufstieg im Beruf.

Killerphrasen – Negative und demotivierende Sprichwörter und Redewendungen wie „Schuster, bleib bei deinen Leisten!", „Was Hänschen nicht lernt, lernt Hans nimmermehr!" oder „Wer hoch steigt kann tief fallen!"

Model of Excellence – Bedeutet übersetzt *Erfolgreiches Vorbild oder Modell.* Diese Methode basiert darauf, etwas erfolgreiches zu kopieren und damit an dessen Erfolg teilzuhaben. Ein Beispiel hierfür ist das von vielen großen Unternehmen verwendete Franchise-System, wo Unternehmer für eine Lizenzgebühr das Recht erhalten, die Logos, Produkte etc. zu verwenden.

Multilevelmarketing – Ein anderes Wort für Strukturvertrieb.

Pareto-Prinzip – Der italienische Ökomon Vilfredo Pareto fand im letzten Jahrhundert durch statistische Untersuchungen heraus, dass 20 Prozent der Bevölkerung rund 80 Prozent des Volksvermögens besaßen. Folglich besaßen die restlichen 80 Prozent der Einwohner von Bella Italia nur den Rest, nämlich 20 Prozent. Dieses Prinzip lässt sich – wie durch weitere Untersuchungen festgestellt wurde – auf viele andere Lebensbereiche ausweiten.

Passive Aufmerksamkeit – Die Lenkung der eigenen Aufmerksamkeit durch äußere Reize, ohne dass man dies selbst kontrollieren oder darüber bestimmen kann.

Passivitätsfalle – Eine gesellschaftliche Methode, die Dich auf schleichende Weise dazu bringt, nicht aktiv zu sein. Dies wird beispielsweise durch übermäßigen Fernsehkonsum erreicht.

PGH – Positive Geisteshaltung.

Positive Geisteshaltung – Eine positive Geisteshaltung ist eine, die Aufmerksamkeit auf zukünftige Erfolge richtet. Sie besteht daraus, aus den existierenden Umständen die positiven Faktoren herauszuisolieren und diese zu betonen. Bei einer positiven Geisteshaltung sucht man sich aus jeder Situation die positiven Faktoren heraus! Es kann passieren was will, man richtet seine Aufmerksamkeit weiterhin auf die positiven Aspekte der Situation!

Potential – Gesamtheit aller zur Verfügung stehenden Mittel, Möglichkeiten, Fähigkeiten und Energien. Das größte Potential des Menschen ist sein Verstand und seine Fähigkeit sich Ziele zu setzen, zu glauben und darauf hinzuarbeiten, diese zu erreichen.

Problem – Schwierige (ungelöste) Aufgabe, schwer zu beantwortende Frage, komplizierte Fragestellung, Schwierigkeit. Eine Herausforderung, die es zu bewältigen gilt. Das Wort Problem stammt vom griechischen Begriff *próblema* ab, der soviel wie *die gestellte (wissenschaftliche) Aufgabe* bedeutet. Und ein Problem als Aufgabe zu sehen ist weitaus konstruktiver als es mit Mühsal, Unbehagen und Zwang zu assoziieren. Man löst jedes Problem, indem man sich ihm früh genug stellt, zu seiner Ursache vordringt und dort für Abhilfe sorgt.

Rhetorik – Lehre von der Gestaltung der Rede, mit dem Zweck, eine bestimmte Wirkung zu erzeugen.

Talent – Einem Menschen innewohnende Begabung, die ihn zu ungewöhnlichen oder über dem Durchschnitt liegenden Leistungen auf einem Gebiet befähigt. Grundsätzlich besitzt jeder Mensch verborgene Talente, die aber erst dann sichtbar werden, wenn man sie freilegt.

Traum – Eine allgemeine Vorstellungen davon, was sein könnte. Im Gegensatz zu einem Ziel ist ein Traum nicht exakt festgelegt, zeitlich umrissen und so formuliert, dass daraus Handlungen erwachsen können!

Ursache – Eine Umstand oder eine Person, der oder die etwas bewirkt, veranlasst oder ins Leben ruft. Der Ursprungspunkt von Aktion. Jemand, der das, was geschieht, steuert.

Verwerter – Ein Mensch, der grundsätzlich eine positive Geisteshaltung kultiviert. Er ist ein Optimist und grundsätzlich davon überzeugt, dass alles möglich ist. Er erzielt Resultate, indem er Dinge in Bewegung bringt und Produkte ins Leben ruft. Er handelt und ist erfolgreich!

Wirkung – Jemand oder etwas, der oder das sich beeinflussen oder verändern lässt und nicht selbst agieren oder verursachen kann.

Ziel – Etwas, worauf jemandes Handeln, Tun oder ähnlich ganz bewusst gerichtet ist, was man als Sinn und Zweck, angestrebtes Ergebnis seines Handelns, Tuns zu erreichen sucht. Punkt, Ort, bis zu dem man kommen will, den man erreichen will. Ein Ziel liegt immer in der Zukunft. Es weist einem den Weg. Wer kein Ziel hat, verläuft sich immer!

Zielplanung – Die grundlegende Reihenfolge, um durch Ziele zum Erfolg zu gelangen, lautet:
(1) Ziel(e) festlegen
(2) Etappenziele setzen
(3) Aktionen zum Erreichen der Etappenziele planen
(4) Zielgerichtet handeln

Zuschauer – Jemand, der einem Vorgang oder Geschehnis als passiver Beobachter beiwohnt, aber nicht selbst aktiv wird. Damit ist er Wirkung und nicht Ursache.

2. Stichwortverzeichnis

3. Medienverzeichnis

Bücher

Bettger, Frank - *Erlebte Verkaufspraxis*
- *Lebe begeistert und gewinne*

Carnegie, Dale - *Die Macht des gesprochenen Wortes*
- *Sorge dich nicht – lebe!*
- *Wie man Freunde gewinnt*

Erhard, Ludwig - *Wohlstand für alle*

Hill, Napoleon - *Denke nach und werde reich!*

Höller, Jürgen - *Sprenge Deine Grenzen*
- *Mit Motivationstraining zum Erfolg*

Packard, Vance - *Die Ultra-Reichen*

Schäfer, Bodo - *Das Prinzip des finanziellen Erfolgs*

Filme

American Beauty
Die Matrix
Gandhi
Gattaca

Zeitschriften

BIZZ Capital, Ausgabe 5/2000
coolibri, Ausgabe 5/2000
P.M. Biografie, Ausgabe 1/2000
P.M. famous, Ausgabe 2/2000

4. Konstruktive Ideen

Schreibe hier all die konstruktiven Ideen und Gedanken auf, die Du beim Lesen dieses Buches hattest. Lege damit dem Grundstein für Deinen Ideenpool! Weise jeder Idee eine Priorität zu, indem Du ihr einen Wert von 1 (höchste Priorität) bis 6 (niedrigste Priorität) gibst.

Idee	Priorität

Idee	Priorität

5. Aktionsplanung

Trage an dieser Stelle die Aktionen ein, die Du unternehmen wirst, um Deine Ideen zu verwirklichen. Vergesse dabei nicht, auch den Zeitpunkt zu vermerken, an dem Du die geplanten Aktionen durchführen beziehungsweise abschließen willst.

Aktion	**Zeitpunkt**

Aktion	Zeitpunkt

Notizen

Notizen